David Jaffin

Josua

Die Landnahme

VLM

Verlag
der Liebenzeller Mission
Bad Liebenzell

Dieses Buch entstand aus Nachschriften von Vorträgen und Predigten. Es wurde bewußt versucht, die unnachahmliche Ursprünglichkeit und Eigenart der Redeweise des Autors auch im Buch beizubehalten.

Dank für die Bearbeitung des Manuskriptes zu diesem Buch an Frau Heide Pfeiffer und Fräulein Ute Langefeld.

ISBN 3-88002-376-X

Umschlaggestaltung: Graf. Atelier Albrecht Arnold, Dettingen/Erms
Psalter of Saint Louis. The Trumpets of Jericho 1256. Miniature, MS Latin 10525, Folio 42. Bibliothèque Nationale, Paris.
Satz: Druckhaus Gummersbach, Gummersbach/Derschlag
Herstellung: St.-Johannis-Druckerei, Lahr-Dinglingen
Printed in W.-Germany

Inhalt

Einleitung

Dieses Buch über Josua hat ein dreifaches Ziel:

Erstens die Hauptaussagen und das Hauptgeschehen in der Tiefe im gesamten alttestamentlichen Rahmen zu verstehen, zweitens aber auch Jesus Christus und die endzeitliche Bedeutung zu betonen und drittens die tiefen seelsorgerlichen Aussagen dieses Buches für uns Christen heute zu unterstreichen.

Die Einheit der ganzen Bibel wird besonders deutlich durch ihre eigentümliche Bildsprache. Dadurch werden neue biblische Zusammenhänge ersichtlich.

Es ist auch kein Zufall, daß mein Buch über Josua 1988, zum 40. Geburtstag des Staates Israel erscheinen wird.

September 1988 Pfarrer Dr. David Jaffin

»Sei nur getrost und unverzagt«

Nachdem Mose, der Knecht des Herrn, gestorben war, sprach der Herr zu Josua, dem Sohn Nuns, Moses Diener: Mein Knecht Mose ist gestorben; so mach dich nun auf und zieh über den Jorden, du und dies ganze Volk, in das Land, das ich ihnen, den Israeliten, gegeben habe. Jede Stätte, auf die eure Fußsohlen treten werden, habe ich euch gegeben, wie ich Mose zugesagt habe. Von der Wüste bis zum Libanon und von dem großen Strom Euphrat bis an das große Meer gegen Sonnenuntergang, das ganze Land der Hetiter, soll euer Gebiet sein. Es soll dir niemand widerstehen dein Leben lang. Wie ich mit Mose gewesen bin, so will ich auch mit dir sein. Ich will dich nicht verlassen noch von dir weichen. Sei getrost und unverzagt; denn du sollst diesem Volk das Land austeilen, das ich ihnen zum Erbe geben will, wie ich ihren Vätern geschworen habe. Sei nur getrost und ganz unverzagt, daß du hältst und tust in allen Dingen nach dem Gesetz, das dir Mose, mein Knecht, geboten hat. Weiche nicht davon, weder zur Rechten noch zur Linken, damit du es recht ausrichten kannst, wohin du auch gehst. Und laß das Buch dieses Gesetzes nicht von deinem Munde kommen, sondern betrachte es Tag und Nacht, daß du hältst und tust darin in allen Dingen nach dem, was darin geschrieben steht. Dann wird es dir auf deinen Wegen gelingen, und du wirst es recht ausrichten. Siehe, ich habe dir geboten, daß du getrost und unverzagt seist. Laß dir nicht grauen und entsetze dich nicht; denn der Herr, dein Gott, ist mit dir in allem, was du tun wirst. Da gebot Josua den Amtleuten des Volks und sprach: Geht durch das Lager und gebietet dem Volk und sprecht: Schafft euch Vorrat; denn nach drei Tagen werdet ihr hier über den Jordan gehen, daß ihr hineinkommt und das Land einnehmt, das euch der Herr, euer Gott, geben wird. Und zu den Rubenitern, Gaditern und dem halben Stamm Manasse sprach Josua: Denkt an das Wort, das euch Mose, der Knecht des Herrn, geboten hat: Der Herr, euer Gott, hat euch zur Ruhe gebracht und euch dies Land gegeben. Eure Frauen und Kinder und euer Vieh laßt im Land bleiben, das euch Mose gegeben hat, diesseits des Jordans. Ihr aber sollt, so viele von euch streitbare Männer sind, vor euren Brüdern gerüstet hinüberziehen und ihnen helfen. Bis der Herr eure Brüder auch zur Ruhe bringt wie euch, daß auch sie einnehmen das Land, das ihnen der Herr, euer Gott, geben wird. Dann sollt ihr wieder zurückkehren in euer Land, das euch Mose, der Knecht des Herrn, zum Besitz gegeben hat diesseits des Jordans, gegen den Auf-

gang der Sonne. Und sie antworteten Josua und sprachen: Alles, was du uns geboten hast, das wollen wir tun, und wo du uns hinsendest, da wollen wir hingehen. Wie wir Mose gehorsam gewesen sind, so wollen wir auch dir gehorsam sein; nur, daß der Herr, dein Gott, mit dir sei, wie er mit Mose war! Wer deinem Mund ungehorsam ist und nicht gehorcht deinen Worten in allem, was du uns gebietest, der soll sterben. Sei nur getrost und unverzagt!

Josua 1, 1-18

In diesem Text gibt es im Grunde genommen ein sich wiederholendes Motiv: »Sei nur getrost und unverzagt!« Das läuft durch diesen ganzen Text, es kommt mindestens drei- oder viermal vor, es endet so, es heißt im Zentrum so: »Sei nur getrost und unverzagt!« Warum und wieso? Wie ich das sehe, gibt es vier Gründe dafür. Der erste steht deutlich geschrieben: Der Herr ist mit euch. Der zweite ist: Er bringt euch ans Ziel, das heißt in euer Land. Der dritte Grund ist: Er zeigt euch den Weg zum Leben und zum Gehorsam. Der vierte: Er bringt euch Schalom, er bringt euch zur Ruhe.

Ich will versuchen, diese vier Punkte in der Tiefe zu sehen, denn das ist sicherlich das Wichtigste an diesem Text.

Seid nur getrost und unverzagt, der Herr ist mit euch. Wir können nur getrost und unverzagt sein, wenn es uns selbst bewußt ist. Sonst haben wir keinen Grund dazu, keinen politischen, keinen sozialen Grund. Wir können nur wissen, daß jeder Friede, jede Selbstsicherheit, die wir zu meinen haben in dieser Welt, zerbrochen wird. Wir leben in einer Welt totaler Unsicherheit, wo wir wirklich nicht wissen, was plötzlich mit uns passieren kann. Terroristen haben eine Atmosphäre geschaffen, die zeigt, wie die Welt wirklich ist; und in dieser Hinsicht bin ich dankbar dafür — nicht für die schrecklichen Dinge, die sie tun, sondern daß sie den Menschen zeigen, wie es wirklich ist, wenn wir in einer Welt totaler Unsicherheit leben, einer Welt, in der wir die Sicherheit nicht in unseren eigenen Händen haben. Nur wer weiß, daß im Herrn wahrer Trost ist und daß wir darum unverzagt sein können, nur der ist »geschichtlich geleitet«. Darum geht es hier, wie überhaupt im ganzen Alten Testament, in der ganzen Beziehung zum Volk Israel. Die Landübernahme entspricht erst der Brautzeit in der Wüste, diese unauflösliche Ehe: das Land wurde ihnen richtig gegeben: geschichtlich geleitet. Wie soll das Volk Israel wissen, daß Gott mit ihm ist? Ich bin sehr dankbar, daß Gott mich als Historiker ausgebildet hat, denn das ist das richtige Fach für jemanden, der mit der Bibel umgehen will; denn die Bibel, vor allem das Alte Testament, ist ein geschichtliches Buch. Gott handelt nicht mit abstrakten, philosophischen Vorsätzen, sondern er handelt bis ins Leibliche hinein, geschichtlich, alltäglich. Das können auch wir erfahren. Jesus handelt an uns Tag um Tag. Das dürfen und müssen wir immer wieder erkennen, denn ein für allemal geht es nicht — das sehen wir an der Wüstenwanderung. Immer wieder tut Gott Wunder und immer wieder versagt Israel. Wenn ich Gottes Wunder einmal gesehen habe, würde ich sagen: »Ja sicher, Gott gibt es, man kann ihm ganz und gar vertrauen.« Aber wie oft geschieht das wie hier bei der Landübernahme, daß Gott Wunder an dem Volk getan hat.

Denkt einmal an die zehn Plagen, an den Auszug aus Ägyptenland, denkt daran, wie er durch Mose schlechtes Wasser in gutes Wasser verwandelte, wie er vom Himmel erst gute Wachteln und dann Manna gab, wie er sie führte Tag und Nacht mit der Wolke in der Wüste, daß ihnen nicht zu heiß wurde, abends, daß der Weg beleuchtet wurde — aber immer wieder versagte Israel. Warum? Weil wir schuldige Menschen ständig Beweise brauchen, daß der Herr immer noch zu uns steht. Das zeigt unsere Erbsünde. Das widerspricht unserem Verstand. Der würde sagen: »Wenn Gott Wunder tut und schon früher getan hat, dann weiß ich, daß er da ist.« Aber der Mensch lebt nicht vom Verstand; er lebt davon: Ich muß das jetzt sehen, ich brauche die Sicherheit, daß du bei mir bist. Das erleben wir in unserem persönlichen Leben, auch in der Ehe. Die Ehe muß immer wieder erneuert, die Liebe immer wieder bestätigt werden. Das ist nicht eine Angelegenheit, die sich von selbst einspielt. Es muß daran gearbeitet werden, immer wieder neu. So sind wir Menschen. Wir verlangen jeden Tag neue Beweise, jeden Tag neue Sicherheit, daß der Herr zu uns steht. Das ist nichts anderes als Erbsünde. »Was habe ich davon, was für Beweise gibst du mir, daß du da bist? Ich will über Gott herrschen. Ich will, daß er mir gibt, was ich will und wann ich es will, zu meiner Zeit.« Das ist die schrecklichste Erfahrung bei natürlichen Menschen — wir sind alle natürliche Menschen in uns selbst —, daß wir immer wieder lernen müssen, daß nicht wir der Herr sind. Wir müssen immer wieder lernen, daß der Herr der Herr ist, daß er gibt, wann er will, was er will und wie er will. Das ist das Geheimnis eines wahren christlichen Lebens. Deswegen sagt Luther: »Tägliches Leben bedeutet tägliche Buße.« Warum? Weil wir erwarten — wie das Volk Israel während der Wüstenwanderung. Dies steckt in jedem von uns, auch in den gläubigsten Christen.

Es ist die große Gefahr, daß wir über den Herrn herrschen wollen, daß er geben soll wie und wann und was uns paßt. Hier steht es aber genau umgekehrt, und das ist das einzige, was uns wirklich Trost bereitet, die tiefe Erkenntnis: »Sei nur getrost und unverzagt, der Herr ist mit euch.« Er ist mit uns, wie und wann er will, wie er das Volk durch die Wüste geführt hat auf seiner Route, ohne daß die Israeliten wußten, wohin es gehen sollte; er hat den Weg gezeigt. So zeigt er uns den Weg durch das Leben, wie Jesus sagt: den schmalen Weg. Wir wollen lieber auf dem breiten Weg gehen. Wir wollen alle möglichen Sachen mitbringen, wollen ständig ungehorsam sein, unsere vorgeplanten Wege gehen, aber der Herr holt uns immer wieder zurück und sagt: »Komm folge mir nach.« Ich glaube, jeder, der ein wahrer Christ ist, weiß sehr genau, wann er weg vom Herrn und wann er mit dem Herrn ist. Denn in dem Moment, wo Gottes Wort ihn persönlich in der letzten Tiefe trifft, spürt er, daß der Herr mit ihm ist und er deswegen getrost sein kann. Vorher ist er nicht geborgen. Das merkt letzten Endes jeder von uns. Trotzdem versuchen wir immer wieder, wie das Volk Israel, unsere eigenen Wege zu gehen, selbst zu bestimmen.

Erst wenn wir wirklich innerlich gebrochen sind und wissen, ich kann es nicht, aber der Herr steht zu mir und er ist der Herr, dann wissen wir plötzlich, was Wahrheit ist. So habe ich das erlebt (in einem Traugespräch). Als ich anfing, von den Wundern der Liebe zu erzählen, standen Tränen in den Augen der Frau, als sie hörte, es sei Jesus Christus, der sie zueinander geführt habe. Ich war zutiefst berührt, daß jemand bei einem Traugespräch gemerkt hat: Der Herr ist mit euch, er hat euch füreinander bestimmt, eher als ihr in eurer Mutter Leibe ward, und er ist mit euch in diesem Bund der Ehe. — Dann allein hat man Grund, getrost zu werden und unverzagt. Dann kommt es nicht mehr darauf an, was ich tue, was ich denke und was ich will, sondern ich darf wissen: Der Herr ist für mich.

Aber wie sollte Israel das wissen? Merkwürdige Geschichte, nicht wahr, wenn man die Geschichte Israels betrachtet. Gott erscheint einem Heiden im heidnischen Land, dem Zweistromland, diesem Abraham, und er sagt: Abraham, geh aus deinem Vaterhaus, geh weg von allem was du dort hast, in ein Land, das ich dir zeigen will. Wohin? Ich will dich auf dem Weg führen. Ich, der Herr, bin mit dir, ich will dir vorangehen, sei getrost und unverzagt und folge mir nach. Er verlangt von Abraham nur eines, und das ist alles: Gehorsam. Er wird den Weg bestimmen und nicht Abraham. Und Abraham gehorchte und ging aus seinem Haus. Schließlich kam er in das Heilige Land. Er hat genau das getan, was der Herr von uns haben will und was er durch die Führung seines Volkes Israel gezeigt hat. Er ist mit uns, er wird uns führen, deswegen können wir getrost und unverzagt sein, denn sonst haben wir keine Zukunft. Unser Verstand, unser Wille, das alles bringt letzten Endes nur Ungeborgenheit, und wir sind versucht, uns immer wieder selbst zu sichern. Nur unter ihm, in einer kindlichen Beziehung zu ihm, haben wir wahren Trost. So ging es den Erzvätern, einzelnen Menschen. Warum fängt Gott mit einzelnen Menschen an? Das ist auch der Weg Jesu. Auch der Neue Bund fing mit einzelnen Menschen an, nicht mit dem Volk als Ganzem. Er ruft einzelne Menschen zu sich. Auch uns hier hat er so berufen. Gottes Ruf ist ein Ruf an einzelne Menschen. So sehr liebt er uns, daß es um jeden einzelnen von uns geht. Wir dürfen niemals sagen: »Diese Person ist unwichtig, sie versteht doch nichts.« Jeder einzelne Mensch ist berufen zu Gott, und sei er noch so sündig.

Wir werden aber auch einzeln gerichtet — niemand steht mit uns vor Gericht. Wenn wir errettet werden, werden wir einzeln gerettet. Es soll aber jeder von uns getrost und unverzagt sein, denn der Herr will auch hier persönlich mit uns sein.

Wie war das mit dem Weg Josefs? Was mußte er alles durchmachen! Seine Brüder wollten ihn umbringen, da erschien eine Händlerkarawane. Als Juda von seinem Kontrollgang zurückkam, machte er den Vorschlag, Josef zu verkaufen. So wanderte Josef als Sklave nach Ägypten. Aber Gott war mit ihm in jeder Gefangenschaft. Denkt nur an die üble Sache mit Potifars Frau. Zum Schluß konnte Josef sein Volk retten. Er hatte sein Ziel erreicht. — Dies gilt auch für uns: »Der Herr ist mit uns, seid nur getrost und unverzagt.« Gott sagt das den Juden, sie kennen ja die Geschichte Josefs, aber ebenso sagt er es uns, weil auch uns die Geschichte Josefs bekannt ist.

Sind wir unsicher, weil wir nicht ganz und gar bereit sind, Jesus nachzufolgen, dann sollten wir historisch an diese ganzen Geschichten denken, in denen Gott durch das Alte und Neue Testament zeigt, daß er einen Weg für uns hat, auch wenn wir selbst keinen Überblick darüber haben, er hat ihn.

Gefährdet sind wir, wenn wir glauben, daß wir das alles selbst in Händen haben. Alle die großen Diktatoren, welche alles selbst in Händen zu haben meinten, haben die eigene Zerstörung gebracht. So zeigt Gott seinen historischen Beweis dem Volk Israel, diesem Volk, das direkt vor der Landübernahme steht, was er in und an Ägypten getan hat, dem größten Volk der damaligen Welt. Die zehn Plagen, das bedeutet: »Ich bin der Herr der Schöpfung, darum könnt ihr wissen, ich stehe nicht nur zu euch persönlich, sondern ich habe die ganze Welt in meinen Händen, alles was lebt und sich regt, die pflanzliche Welt, die Tierwelt, alle Lebenselemente wie das Wasser, überhaupt den ganzen Kosmos. Das ist alles in den zehn Plagen zu finden. Der Auszug aus Ägypten, der Auszug aus der Knechtschaft, alles das haben sie erlebt während der 40 Jahre in der Wüste. Es ist ein Auszug aus der Knechtschaft der Götzen, der Götzen im Zweistromland und in Ägypten. Wie diese endgültig beseitigt werden konnten, steht in Josua 24, am Ende dieses Buches.

Diese vierzig Jahre in der Wüste waren Israels Brautzeit, als ihnen Gott die totale Abhängigkeit von sich zeigte. Nicht wahr, sie wußten den Weg ja selbst nicht, sie hatten keinen Schutz gegen die Sonne, es fehlte ihnen Essen und Trinken. Sie waren ganz und gar abhängig von Gott. Diese Stellung möchte Gott auch von uns haben. Dann erst bekommt diese Aussage ihre Bedeutung: »Seid nur getrost und unverzagt, der Herr ist mit euch.« Er trägt auch die Verantwortung über unser Leben. Woher kommt es denn? Es kommt nicht von irgendwoher, es kommt von dem Herrn persönlich. Denkt an die Führungen, die wir persönlich erlebt haben in Not und auch in Freude. Vielleicht ist das Leben mit Gott heute noch viel schwieriger, als wenn wir in der Not sind. Fast jeder ruft zu Gott in der Not. Wie viele Leute tun das im Krankenhaus, kommen nach Hause und denken nicht mehr an Gott, wie bei den zehn Aussätzigen. Nur einer dankte Jesus und hielt ihm die Treue.

Ich kann das aus eigener Erfahrung sagen, daß mein eigener Weg für mich ein großes Geheimnis ist. Meine Mutter sagte oft zu mir: »Wir haben in unserer Familie sehr ungewöhnliche Gestalten, aber keinen so wie du. Du bist ein Unikum.« — Ja, so sagte meine Mutter zu mir. Sie schaute mich liebevoll an, denn sie liebt mich, und ich liebe meine Mutter. Wie sie mich so anblickte, schüttelte sie den Kopf und sagte: »Wo kommt so einer her?« Ja, ein sonderbarer Weg. Ich wurde in einer Familie erzogen, die nur eines wollte, gute Amerikaner werden. Als Juden aus Europa nach all den Verfolgungen, vor allem denen in Rußland, nach Amerika kamen, so wollten sie nur als Amerikaner akzeptiert werden. So ging es meinem Großvater und dann seinen Kindern. Alle wollten unbedingt gute Amerikaner sein. In dieser »Amerikanerfamilie« war ich der beste Baseballspieler der ganzen Familie, auch der beste Tennisspieler, in allen Verhaltensweisen am meisten amerikanisch, typisch amerikanisch. Gerade aus diesem Typ entwickelte sich plötzlich ein Pfarrer der Lutherischen Kirche in Deutschland. Meine Mutter schüttelte nur den Kopf und sagte: »Du bist ein Unikum.« Ich habe diese Wege, wirklich sehr sonderbare Wege, erlebt.

Ich glaube, daß jeder von euch, wenn ihr euer Leben sehr genau betrachtet, wundersame Führungen finden wird, denn der natürliche Mensch findet nicht zu Gott von sich selbt aus, irgend etwas muß dahinter sein, eine bestimmte Art von Führung. Auch wenn man sogar traditionell christlich erzogen ist, so ist es bedeutsam, wann man anfängt, diese Tradition als wahr anzunehmen.

Tatsächlich ist diese Tradition, in der man erzogen worden ist, plötzlich eine Wirklichkeit und nicht nur eine Sache der Form. Das genau ist hier mit Israel passiert. Es ist keine Bekehrung, wie sie Paulus erlebte. Gott sagt: »Ich habe dir den Weg gezeigt, ich gebe euch das Land, ich habe euch 40 Jahre durch die Wüste geführt, ich habe eine wunderbare Geschichte mit euch vor. Vergeßt nicht, was ihr erlebt habt. Dies ist genauso wundersam wie die Bekehrungsgeschichte des Paulus.«

Habt ihr euch je Gedanken darüber gemacht? Man redet über die traditionellen Christen und sagt, ein traditioneller Christ sei kein richtiger Christ. Er kann aber ein richtiger Christ werden. Wenn das Vaterunser plötzlich nicht mehr nur Worte sind, sondern Wirklichkeit ist, wenn Kirchgang nicht mehr einfach Form ist, sondern Lebensinhalt und Lebenskraft, wo Gemeinschaft, die wir auch jetzt unter dem Wort haben, lebensnotwendig für uns ist, da dürfen wir sagen: »Es ist eine Bekehrung geschehen.« Vielleicht hat man das jahrelang alles getan, aber nur als Form, aber plötzlich merkt man: »Ich brauch das, ich kann ohne das nicht leben.« Dann ist man auch durchgedrungen. Das ist der geschichtliche Weg Israels.

Israel erlebt nicht dieses plötzliche Neugeborenwerden. Gott führt Israel, aber Israel versagt unzählige Male. Tat es aber Buße, so war das Verhältnis zu Gott wieder hergestellt. Das muß auch heute geschehen. Und es geschieht auch. Israel fängt an, sich zu dem Herrn zu bekennen. Es erlebt weniger die Bekehrung des Paulus, aber fängt an zu fragen: »Warum hat der Herr uns unter allen Völkern so geschlagen?« — Das steht in der Bibel, 3. Mose 26, 14-39. »Wann läßt er uns zurück in unser Land kommen?« — Auch das steht in der Thora und auch in der Prophetie. Das bedeutet, daß plötzlich aus der Tradition Wahrheit, bestimmende, notwendige Wahrheit wird. Dies wird Israel am Ende der Tage erleben. So ist es auch manchen von euch passiert. Nicht alle von euch gingen wie ich sonderbare Wege. Manche sind christlich erzogen, und plötzlich wurde die Erziehung zu Besitz, zur Wirklichkeit, und man war neu geboren, ein Mensch mit anderen Zielen.

Er bringt euch ans Ziel — die zweite Begründung für den Satz: »Sei nur getrost und unverzagt. Die erste ist »Der Herr ist mit euch«. Daß der Herr mit uns ist, sehen wir durch das Historische, das wir erlebt haben. Manche haben Wunder erlebt, manche ungewöhnliche Führungen und andere haben nur schlicht und einfach erlebt, daß sie von ihren Eltern als Christen erzogen wurden und sie jetzt zu einer bestimmten Wahrheit geführt wurden, die nun auch ihre Wahrheit geworden ist. So war es mit Israel. Denn »Ich bin« nicht aus mir allein, sondern durch Gottes Führung meiner Eltern und Großeltern: »Höre, o Israel, der Herr ist unser Gott, der Herr ist eins.«

Es geht nicht um mich persönlich, sondern um das ganze Volk und um die ganze Tradition, und ich gehöre dazu. Auch einzelne werden berufen, Abraham, Isaak und Jakob, das ist unbestreitbar, später dann Jesus, jeder Jünger einzeln. Wir sind berufen zu einem neuen Volk, und zwar zu einem Volk aus einer Tradition, die viele von uns angenommen haben. Er bringt euch ans Ziel, das ist der zweite Grund: »Seid nur getrost und unverzagt, der Herr bringt euch ans Ziel.« Ja, was für Ziele hat Gott mit Israel? Das hat er schon am Anfang, bei der Berufung Abrahams, deutlich gesagt: »Ein Land gebe ich dir, ein großes Volk wirst du, die Welt wird sich scheiden an dir, Abraham; wer dich segnet, den werde ich segnen, wer dich verflucht, den werde ich verfluchen.« Jesus hat dies übernommen. Im Matthäusevangelium sagt er: »Wie ihr handelt an meinem geringsten Bruder, wenn er in Not ist, und gebt ihm zu essen und zu trinken, so gebt ihr mir zu essen und zu trinken.«

Der notleidende Bruder ist das Volk Israel. Die Welt scheidet sich an Israel. Es gilt immer noch: »Durch dich werden gesegnet alle Völker auf Erden.« Das bedeutet aber auch für uns, daß die Wege Israels letzten Endes unsere Wege sind. Das Alte Testament ist ein seelsorgerliches Buch für uns.

Das Ziel unserer Josuageschichte ist die Landübernahme. Israel ist mit 600 000 Männern ins Land gekommen (2. Mose 12, 37), das neue Israel wurde 1948 mit etwa 600 000 Seelen gegründet, dies ist kein Zufall. Um 6 Millionen wurden vergast, 600 000 ungefähr gründeten den neuen Staat Israel; ein Rest, ein Zehntel, eine in der Bibel oft vorkommende Zahl. Er brachte sie ans Ziel, das war das Land, das er schon Abraham verheißen hatte.

Er bringt auch uns an unser Ziel, das ist die Herrlichkeit bei ihm. Er bringt euch ans Ziel. Das Ziel ist das Land. Aber wem gehört das Land Israel? Wißt ihr, daß heute die Regierung Israels mit vollem Recht kaum privates Land zuläßt? Das Land gehört Gott, es gehört keinem Menschen. Das Land ist Gottes Land, nicht das Land des Volkes Israel. Es ist eine Leihgabe Gottes. Zu Josuas Zeiten wurde es erkämpft. Gott führte den Krieg, einen heiligen Krieg.

Wenn ich unseren Posaunenchor höre, denke ich oft an den heiligen Krieg vor Jericho. Die Posaune ruft, damit die Gemeinde ermutigt wird: Gott geht voran, und die Feinde werden erschrecken. Gott zerstört die Mauern. Er bringt das Volk ans Ziel, denn »seid getrost und unverzagt, der Herr ist mit euch«.

Er übernimmt das Land, sein Land, und gibt dieses Land seinem Volk. Das Wandervolk ist nun zu Hause. Abraham, Isaak und

Jakob lebten im Land Israel (damals hieß es noch Kanaan). Dann lebte das Volk 400 Jahre in Ägypten, hierauf zog es 40 Jahre durch die Wüste und endlich kommt es ans Ziel. Das Wandervolk wurde seßhaft. Dieses Thema ist für uns sehr interessant. Das Wandervolk Gottes, steht im Hebräerbrief, das sind auch wir. Denn wir haben keine bleibende Stätte hier, aber Gott hat ein Ziel für uns, und er führt sogar einen heiligen Krieg für uns. Jenen, den Jesus für uns gekämpft hat, ist der Krieg gegen Satan, gegen Schuld, Sünde und Tod. Was möchte er erobern? Neues Land, eine neue Welt. Diese Vorstellung von dem neuen Land, der neuen Welt geht zurück in die Zeit Noahs. In Jesus sehen wir dann die endgültige Erfüllung.

Was ist für uns dieses neue Land? Es ist Gottes Reich, die Welt des auferstandenen Christus. Jesus kämpft den heiligen Krieg für uns. »Seid nur getrost und unverzagt, der Herr ist mit euch — und er wird uns ans Ziel bringen.« Sein Ziel ist das Land, welches er für uns durch seinen heiligen Krieg geöffnet hat, das Kreuz bahnt den Weg zum Paradies, zu seinem Reich. Was hier im ganzen Josuabuch geschieht, die Landübernahme, ist im Grunde genommen der Weg, den wir Christen zu gehen haben; aber auf ganz andere Art und Weise gelangen wir als Wandervolk Gottes ans Ziel. Der Herr geht voran, er kennt den Weg, er zeigt uns den schmalen Weg durch die Gefahren dieser Welt, die wir nicht selbst meistern können, und er führt uns ans Ziel, zu seinem Reich, erst dann sind wir zu Hause.

In dieser Beziehung ist für uns das Wissen darum wichtig, wie stark wir an dieser Welt festhalten dürfen und wir nur auf die zukünftige schauen sollen. Wir leben in einer großen Spannung. Auf der einen Seite müssen wir fest in dieser Welt leben, denn Jesus hat uns hier in diese Welt gestellt; wir sind hier auf dem Prüfstand, wir werden getestet. Aber wir sind auch hier, um aus Gottes Kraft seine Liebe weiterzugeben, das ist Mission.

Andererseits wissen wir um unser Ziel, und wir dürfen uns nie hier festhalten wie die Israeliten an den Fleischtöpfen von Ägypten (und wir haben heute viel Besseres zu essen). Wir dürfen nie wie Lots Frau an dieser verderblichen, verdorbenen und untergehenden Welt hängenbleiben. Wir müssen in der Welt leben, aber diese Welt darf nicht unser Endziel sein. Das wäre ein Verneinen der Verheißungen Gottes. Andererseits dürfen wir aber auch vor dem Bösen dieser Welt nicht die Augen verschließen, dennoch können wir diese Welt nicht verneinen. Wir müssen sie bejahen als die Welt, die Gott uns gegeben hat. Sein tausendjähriges Friedensreich steht hier auf dieser Erde bevor. Er hat es uns verheißen. »Seid nur getrost und unverzagt, denn der Herr bringt uns ans Ziel.« Das Ziel, das er für jeden von uns hat, ist sein Reich. Aber dieses Reich im Blickfeld bedeutet nicht, daß wir uns jetzt benehmen, als ob wir schon im Himmelreich, als ob wir schon sündlos wären. Wir sind immer noch natürliche, sündige Menschen und wir müssen immer noch diesen guten Kampf des Glaubens von Gott kämpfen lassen, denn wir kämpfen nicht, sondern er kämpft für uns; er führt diesen heiligen Krieg, und wir müssen genau wie Israel Stadt um Stadt, Wegstation um Wegstation in der Nachfolge Jesu Christi zurücklegen. Erst wenn wir dies alles dann hinter uns gebracht haben, genauer, wenn Gott das alles für uns getan hat, dann sind wir als Christen durch Jesu Sieg im verheißenen Land. Das ist dann sein Reich.

Er zeigt euch den Weg zum Leben. Was bedeutet das? Es steht aber deutlich geschrieben: »Und laß das Buch dieses Gesetzes nicht von deinem Mund kommen, sondern betrachte es Tag und Nacht, daß du hältst und tust in allen Dingen nach dem, was darin geschrieben steht.« Das ist eine doppelte Aussage: Gesetz und Gehorsam. Unser dritter Punkt, wenn man auf all die großen Glaubensgestalten in der Bibel sieht, so fällt auf, daß sie alle gemeinsam einen strikten Gehorsam haben, ob das Noah, Abraham oder Mose ist, manchmal ein sehr schwer erkämpfter Gehorsam, manchmal ein zuerst versagender Gehorsam, aber Gehorsam. Das bedeutet erst einmal, er zeigt euch den Weg zum Leben. Wir müssen in der Nachfolge, im Gehorsam zu ihm stehen, und er gibt uns die Hilfe dazu, die ist das Gesetz.

Das Gesetz Moses ist die Wegweisung zum wahren Leben, es ist die Wahrheit oder Weisheit Gottes, es ist der Schöpfungsmittler, Gottes Zielsetzung und Ordnung mit dieser Welt. Alles das vereinigt Jesus Christus in sich. Für einen Juden ist der erschreckendste Satz im ganzen Neuen Testament der Anspruch Jesu: »Ich bin der Weg und die Wahrheit und das Leben.« Auch wegen dieser Aussage wurde Jesus als Gotteslästerer getötet. Er stellte sich an die Stelle des heiligen Gesetzes Moses.

Ja, Jesus sagte klipp und klar: »Ich bin das heilige Gesetz Moses, nicht fleischlich sondern geistlich.« Was hier gemeint ist »Ich bin der Weg, auf dem ihr geht; ich bin die Wahrheit, auf der euer Leben gegründet ist, keine Philosophie, keine Ideologie, sondern allein diese Wahrheit; und ich bin das wahre Leben selbst«, das bedeutet, alles was ihr außerhalb meiner Führung tut, ohne daß ich dazu stehe, tut ihr außerhalb des Lebens, das heißt im Tod. Er zeigt uns den Weg zum Leben. Für Israel ist dieser Weg das Gesetz, an dem Israel große Freude hat.

Viele Christen wissen überhaupt nicht, daß der Tag der Übergabe des heiligen Gesetzes in Israel nicht ein Trauertag ist, sondern ein großer Freudentag. Fromme Männer, die Chassidim, tanzen auf dem Tisch mit der Thora auf ihrem Herzen aus reiner Freude, daß der Herr, der Gott Israels, ihnen diese Wegweisung zum Leben gegeben hat, die wahre Ordnung der Welt. Es ist für sie keine Last. Paulus betont die Schwere, die Last, das ist sicher richtig, es ist eine Last, aber auch eine große Freude, weil ohne dieses Gesetz Israel kein Leben hat. Das ist der alttestamentliche Weg des Gottes Israels mit seinem Volk.

Die Thora, das jüdische Gesetz, steht in der Synagoge genau an derselben Stelle, an der in der christlichen Kirche das Kreuz Jesu steht. Kreuz und Thora beinhalten biblisch gesehen dasselbe: Jesus aber ist unsere Thora, ist der Weg, die Wahrheit und das Leben. Nach ihm ist kein wahres Leben mehr im steinigen Gesetz. Seid nur getrost und unverzagt, denn der Herr wird euch den Weg des Lebens zeigen. Er wird uns die Kraft geben, gehorsam zu sein. Wir sind nicht immer gehorsam. Wir müssen darum immer wieder Gottes Wort hören, klar, deutlich und tief.

Die Predigten sollen Herzen treffen. Herz bedeutet Ort des Gefühls und des Verstandes, Ort der Wahrnehmung. Wir brauchen Gottes Wort, und dieses Wort muß uns treffen. Jedes Mal, wenn wir betroffen sind, hat uns die Wahrheit Jesu Christi angerührt. Das muß immer wieder geschehen, immer wieder neu. Ich bin immer wieder erschrocken über die Tiefe von Gottes Wort, über die Vielfalt, die Kraft. Wer nicht darüber erschrickt, ist in großer Gefahr.

Erschrickst du bis ins Innerste, so kannst du nach Geist, Leib und Seele die Wirklichkeit Gottes spüren.

Viertens: Seid getrost und unverzagt, der Herr, der Gott Israels, bringt euch zur Ruhe. Was bedeutet Ruhe? Schalom ist das hebräische Wort dafür, er bringt euch zur Ruhe, zum Ausruhen.

Nein, ein Schalom-Zustand ist nicht ein Ausruhe-Zustand. Bedeutet es das: Laß mich in Ruhe, ich will meine Wege gehen, ich will am Sonntag schlafen anstatt in den Gottesdienst zu gehen usw.? Nein, das ist nicht Gottes Ruhe. Was ist Gottes Ruhe? Es bedeutet: das Ziel, das vor uns und dem ganzen Volk lag, ist erreicht worden. Dort dürfen wir ausruhen. Diese Ruhe wiederholt sich mehrmals in der Bibel. Wir denken an die Ruhe auf dem Berg Sinai, als Mose und die siebzig Ältesten Gott schauten, die strahlende Klarheit Gottes; dort war Ruhe. Sie aßen und tranken. Es ging bis in den Leib hinein. Und erst die Ruhe, die am Ende in dem großartigen bedeutungsvollen Kapitel in der Josuageschichte, Kapitel 24, sich zeigt, ist die Ruhe, in der das Volk sich für Gott entscheidet. Nachdem das Land übergeben worden ist, darf das Volk in Frieden in diesem Land leben. Diese Ruhe wiederholt sich ständig. Denkt an Jesu Leben. Wann kommt das Wort Schalom im Neuen Testament vor? Die Engel sangen mitten in einem schrecklichen Krieg »Schalom«. Das hat nichts mit Waffenstillstand zu tun, sondern es ist Ruhe, Schalom, weil Gott hier auf Erden geboren und das von den Engeln und den Hirten bestätigt worden ist.

Gott ist hier. Er ist am Ziel, er ist für uns Mensch geworden. Ein Schalom-Zustand war es, als Jesus erhöht wurde, als er gekreuzigt wurde. Jesus benutzte das Wort als Auferstandener, als er ins Zimmer trat: Schalom, Friede sei mit euch! Das ist Ruhe, Gottes Ruhe; ich bin dann am Ziel, schaut her, ich bin auferstanden, ihr werdet auch mit mir auferstehen, wenn ihr mit mir lebt. Er bringt das Volk zur Ruhe. Das ist das große Geheinmis Gottes mit Israel: das Volk Israel kann nur zur Ruhe kommen, wenn es im Land ist. Das hebräische Wort für Ausland ist Galut, das bedeutet Exil. Jeder, der nicht in Israel wohnt, ist in Galut, im Exil. Der Talmud sagt, ein Leben in Israel ist so viel wert wie die ganze Thora, das ganze Gesetz zu erfüllen. Warum?

Warum diese geheimnisvolle Beziehung zum Land? Nur wenn das Volk Israel im Land ist, kann der Messias kommen. Gott gab das Land dem Volk, kämpfte den heiligen Krieg für es, und als das Volk im Land war — ein sehr gedemütigtes und zerschlagenes

Volk —, kam Jesus Christus zu ihnen. Erst jetzt, nach 2000 Jahren, ist das Volk zurückgekommen. Nun ist Israel bereit; die Wiederkunft Jesu kann geschehen. Deswegen diese ungeheure Betonung auf dem »Land Israel«. Auch wird es übrigens ständig mit dem Paradies verglichen. Deswegen reden wir vom himmlischen und vom irdischen Jerusalem. Wenn das Volk nicht im Land ist, liegt dieses brach und trauert um das Volk. Die Ehe zwischen Land und Volk ist zerbrochen. Daß jeder Jude in dieses Land zurückkommen soll, ist Gottes Zielsetzung.

Nach einem schrecklichen Krieg in Nahen Osten kommt Jesus, der gekreuzigte und auferstandene König Israels, wieder. Das Tausendjährige Friedensreich bricht an. Jesus bringt sein Volk zur Ruhe, und dieses beginnt die Völker zu missionieren. Gottes Verheißung, die er Josua gegeben hatte, ist erfüllt: »Sei nur getrost und unverzagt, der Herr, dein Gott, ist mit dir in allem, was du tun wirst.«

Gehorsam gegenüber Gott

Josua aber, der Sohn Nuns, sandte von Schittim zwei Männer heimlich als Kundschafter aus und sagte ihnen: Geht hin, seht das Land an, auch Jericho. Die gingen hin und kamen in das Haus einer Hure, die hieß Rahab, und kehrten dort ein. Da wurde dem König von Jericho angesagt: Siehe, es sind in dieser Nacht Männer von Israel hereingekommen, um das Land zu erkunden. Da sandte der König von Jericho zu Rahab und ließ ihr sagen: Gib die Männer heraus, die zu dir in dein Haus gekommen sind; denn sie sind gekommen, um das ganze Land zu erkunden. Aber die Frau verbarg die beiden Männer und sprach: Ja, es sind Männer zu mir hereingekommen, aber ich wußte nicht, woher sie waren. Und als man die Stadttore zuschließen wollte, als es finster wurde, gingen sie hinaus, und ich weiß nicht, wo sie hingegangen sind. Jagt ihnen eilends nach, dann werdet ihr sie ergreifen. Sie aber hatte sie auf das Dach steigen lassen und unter den Flachsstengeln versteckt, die sie auf dem Dach ausgebreitet hatte. Die aber jagten den Männern nach auf dem Wege zum Jordan bis an die Furten, und man schloß das Tor zu, als die draußen waren, die ihnen nachjagten. Und ehe die Männer sich schlafen legten, stieg sie zu ihnen hinauf auf das Dach und sprach zu ihnen: Ich weiß, daß der Herr euch das Land gegeben hat; denn ein Schrecken vor euch ist über uns gefallen, und alle Bewohner des Landes sind vor euch feige geworden. Denn wir haben gehört, wie der Herr das Wasser im Schilfmeer ausgetrocknet hat vor euch her, als ihr aus Ägypten zogt, und was ihr den beiden Königen der Amoriter, Sihon und Og, jenseits des Jordans getan habt, wie ihr an ihnen den Bann vollstreckt habt. Und seitdem wir das gehört haben, ist unser Herz verzagt, und es wagt keiner mehr, vor euch zu atmen; denn der Herr, euer Gott, ist Gott oben im Himmel und unten auf Erden. So schwört mir nun bei dem Herrn, weil ich an euch Barmherzigkeit getan habe, daß auch ihr an meines Vaters Hause Barmherzigkeit tut, und gebt mir ein sicheres Zeichen, daß ihr leben laßt meinen Vater, meine Mutter, meine Brüder und meine Schwestern und alles, was sie haben, und uns vom Tode errettet. Die Männer sprachen zu ihr: Tun wir nicht Barmherzigkeit und Treue an dir, wenn uns der Herr das Land gibt, so wollen wir selbst des Todes sein, sofern du unsere Sache nicht verrätst. Da ließ Rahab sie an einem Seil durchs Fenster hernieder; denn ihr Haus war an der Stadtmauer, und sie wohnte an der Mauer. Und sie sprach zu ihnen: Geht auf das Gebirge, daß euch nicht begegnen, die euch nachjagen, und verbergt euch dort drei Tage, bis sie zurückkommen, die euch nachjagen; danach geht eure Straße. Die Männer aber sprachen zu ihr: Wir wollen den Eid so einlösen, den du uns hast schwören lassen: Wenn wir ins Land kommen, so sollst du dies rote Seil in das Fenster knüpfen, durch das du uns heruntergelassen hast, und zu dir ins Haus versammeln deinen Vater, deine Mutter, deine Brüder und deines Vaters ganzes Haus. Und wer zur Tür deines Hauses herausgeht, dessen Blut komme über ihn, aber wir seien unschuldig; doch das Blut aller, die in deinem Hause sind, soll über uns kommen, wenn Hand an sie gelegt wird. Und wenn du etwas von dieser unserer Sache verrätst, so sind wir des Eides los, den du uns hast schwören lassen. Sie sprach: Es sei, wie ihr sagt! und ließ sie gehen. Und sie gingen weg. Und sie knüpfte das rote Seil ins Fenster. Sie aber gingen weg und kamen aufs Gebirge und blieben drei Tage dort, bis die zurückgekommen waren, die ihnen nachjagten. Denn sie hatten sie gesucht auf allen Straßen und doch nicht gefunden. Da kehrten die beiden Männer um und gingen vom Gebirge herab und setzten über und kamen zu Josua, dem Sohn Nuns, und erzählten ihm alles, was ihnen begegnet war, und sprachen zu Josua: Der Herr hat uns das ganze Land in unsere Hände gegeben, und es sind auch alle Bewohner des Landes vor uns feige geworden.

Josua 2, 1-24

Josua aber, der Sohn Nuns, sandte von Schittim zwei Männer heimlich als Kundschafter aus und sagte ihnen: »Geht hin, seht das Land an, auch Jericho.« Warum zwei Männer? Zuerst: Josua braucht Zeugen, zuverlässige Zeugen, wie die zwei Schächer als Zeugen bei der Kreuzigung, daß Jesus Gottes Sohn war; wie die zwei Engel als himmlische Zeugen, Boten der Auferstehung — aber es gibt hier einen tieferen Grund. Wißt ihr warum? Dieser kommt aus der Tradition: man benötigt immer zwei Zeugen.

Wie war es, als Kundschafter ausgeschickt wurden, wie viele hat er da gesandt? Wie viele hat Mose geschickt, als sie an der Grenze ankamen? Zwölf. Wie viele haben gesagt: Wir kämpfen nicht. Zehn. Wie viele wollten vorwärts gehen? Zwei. Deswegen die zwei Zeugen, die treu blieben. Zehn waren diejenigen, die an die Welt glaubten, an die Kraft der Menschen, an die Stärke der Mauern, an die Kriegsmaschinen, an alles, was zu sehen war. Diese zwei aber waren Zeugen vor Gott, wie die Zeugen am Kreuz, bei der Auferstehung, wie die Jünger Jesu, die zu zweit ausgesandt wurden, deswegen immer zwei, als Fortsetzung einer anerkannten Tradition.

Jericho ist die älteste Stadt der Welt, mindestens soweit wir es wissen. Jericho ist hier Sinnbild für die Welt.

Israel war erschrocken über die Stärke der Stadt, die kraftvollen Feinde, die mächtigen Mauern. Und Israel dagegen! Die zehn wankelmütigen Zeugen rechneten nicht mit Gott, mit seiner Verheißung, sondern sahen auf die Welt. Jericho bedeutet, die Welt zu überwinden; das ist eine Vorstufe zu Kreuz und Auferstehung.

Was bedeutet letzten Endes das Kreuz? Das Kreuz ist der Weg der Überwindung der Welt, der Schuld, der Sünde und der Weltlichkeit, der Welt der Entmachtung, indem Jesus dieser Macht ausgeliefert wird.

In Jericho kämpft Gott auf der Seite der Schwachen, er überwindet, so daß Schrecken auf die Einwohner kommt. Er ist in den Schwachen mächtig, so wie er in Jesus mächtig ist. Natürlich ist Jericho nicht das Kreuz und nicht die Auferstehung, aber es ist ein Schritt auf dem Weg, Jericho vertritt die Welt, ihre Macht, diese starken Stadtmauern, die Größe der Einwohner. Israel hat dagegen nichts zu bringen. Israel muß lernen, sein weltliches Denken zu überwinden, um auch gegen die Welt gewappnet zu sein. Hier geht es um eine fleischliche Welt, bei Jesus geht es ums Ganze, um die Sünde selbst. Israel muß sein Weltdenken überwinden, sein kluges, rechnerisches Denken: Wir haben nichts zu bringen gegen diese Mauern, gegen diese starken Menschen, wir können nichts tun. Israel muß weltliches Denken ablegen, damit der Herr für es kämpft. Das ist Weltüberwindung. Jesus überwindet dann die Welt der Schuld und der Sünde und des Satans - das ist hier noch nicht passiert. Aber es werden die weltlichen Gedankengänge überwunden, die Erwägungen des menschlichen Verstandes, wie wir die Dinge weltlich sehen.

Was tun wir, wenn wir mit weltlichen Problemen konfrontiert werden? Unsere erste Reaktion ist in der Regel weltliche Berechnung, nicht wahr? Wir sehen mit unsern weltlichen, mit fleischlichen Augen, nicht mit Augen der Seher, die hinter die Dinge sehen, wir rechnen mit menschlicher Vernunft. Der einzige Weg zu Jesus Christus, dem Weltüberwinder, ist aber, daß wir ihm vertrauen, obwohl unsere Vernunft sagt: Nein, ich gehe meine Wege. Genau dann sollen wir ihm ganz vertrauen, an die Kraft des Gebetes glauben. Das bedeutet nicht, daß wir aufhören, in dieser Welt zu handeln und das Unsrige zu tun. Es geht um ein Grundvertrauen zu Jesus Christus, dem Weltüberwinder. Unsere Aufgabe ist tägliche Buße, indem ich mich in meiner Schwachheit unter den Herrn stelle und sage: »Herr Jesus, du gehst voran durch diesen Tag, löse das vorliegende Problem für mich. Gewiß, werde ich anwenden, was du mir zeigst und auch meinen Verstand nützen, aber du sollst mich den Weg führen, denn du hast die Welt überwunden.«

Das ist ein Geheimnis unseres Verhältnisses zueinander, der Weltüberwinder geht vor uns, aber er kann uns nur vorangehen, wenn wir ihm ganz und gar vertrauen wie hier bei Jericho. Nur dann gibt er uns die nötige Kraft und kämpft für uns, um uns ans Ziel zu bringen.

Bei den Israeliten vor Jericho war das Ziel die bevorstehende Landübernahme. Das Land war eine messianische Verheißung Gottes an Abraham und seine Nachkommen.

Gott hatte versprochen: »Land gebe ich dir, Abraham; und Volk, so zahlreich wie die Sterne am Himmel, wie der Sand am Meer. Wer dich segnet, den werde ich segnen, und wer dich verflucht, den werde ich verfluchen, und durch dich werden gesegnet alle Völker auf Erden.« Das ist in die messianische Verheißung eingebettet und nicht davon zu trennen. Deswegen ist diese Landübernahme so wichtig.

Für uns wichtig ist vor allem unser Gehorsam. Gehorchen wir, so kämpft Gott für uns. Er überwindet, wo wir nicht überwinden können, sogar Leiden und Tod. Er führt uns weiter, wo wir selbst nicht weiterkommen. »Sie gingen hin und kamen in das Haus einer Hure, die hieß Rahab, und kehrten dort ein.« Dieser Satz ist wichtig, sehr wichtig. Wißt ihr, von wem Jesus Christus abstammt? Von eben dieser Rahab, der Hure. Ja, dies steht in der Bibel, im Stammbaum Jesu. Jesus ist dafür geboren, den ganzen menschlichen Stammbaum in sich zu tragen, Heiden und Huren, Juden und Zöllner, Königliches und Weltliches.

Der Stammbaum Jesu kommt aber zum Blühen, und diese Blüte umfaßt die ganze Welt. Dieser Stammbaum Jesu hängt eng mit seinem Kreuz zusammen, welches auch ein Baum ist. Im Mittelalter wurde das Kreuz oft als ein blühender Baum dargestellt — wohl ein Kreuz, aber es waren Triebe zu sehen. Rahab war eine Hure.

Als Jesus auf die Erde kam, ging er nicht nur auf die frommen Menschen zu. Er ging zu denen, die genau wußten, daß sie ihn brauchten. Die erste, die den Auferstandenen sah, war Maria Magdalena, auch solch ein sündiger Mensch. Maria wurde geheilt, Rahab wurde gerettet, gerettet aus Bann und Zerstörung, sogar ihre ganze Familie, auf der ebenfalls ein Bann lag, blieb durch ihre Tat verschont.

Bei Rahab wie bei Maria Magdalena handelte es sich um tatsächliche Huren. Gerade um solche kümmerte sich Jesus. Das hat die frommen Menschen schockiert. Er geht zu den Sündern noch heute, aber nicht um die Sünde zu bejahen, sondern um sie aus der Sünde herauszuholen. Was tut er mit Rahab? Er holt Rahab aus der Welt der fremden Götter, auf die der Bann, die Zerstörung gelegt war, in eine neue Welt in Israel mit dem wahren Gott. Das ist genau das gleiche wie die Berufung Maria Magdalenas im Neuen Testament. Jesus holt sie aus einer verdorbenen Welt in eine neue Welt zu sich. Beide werden aus einer verlorenen Welt, aus einer untergehenden Welt in eine neue Welt unter Gottes Führung geholt.

»Da wurde dem König von Jericho angesagt: Siehe, es sind in dieser Nacht Männer von Israel hereingekommen, um das Land zu erkunden. Da sandte der König von Jericho zu Rahab und ließ ihr sagen: Gib die Männer heraus, die zu dir in dein Haus gekommen sind; denn sie sind gekommen, um das ganze Land zu erkunden.«

Was sollte Rahab tun? Sie muß sich rasch entscheiden. Sollte sie zu dem Gott stehen, der Israel nach seiner Verheißung hierher geführt hatte, oder sollte sie ihrem König gehorchen, zu dem sie von Jugend auf gehörte, der über sie alle Macht hatte? Sie entschied sich für Gott. Schwierig, sehr schwierig, aus der ganzen Umgebung, in der sie lebte, auszusteigen. Hat das nicht schon jemand getan, der auch mit seiner Familie von seinem Volk ausgezogen ist, alles aufgegeben hat, was ihn an sein Geschlecht gebunden hatte — auf Gottes Ruf? Rahab rettete mit ihrem Entschluß auch ihre Familie. Wir dürfen auch an Noah denken. Er hat seine Frau und die Söhne mit ihren Frauen aus der untergehenden Welt retten können.

»Und die Frau verbarg die beiden Männer und sprach: Ja, es sind Männer zu mir hereingekommen, aber ich wußte nicht, woher sie waren. Und als man die Stadttore zuschließen wollte, als es finster wurde, gingen sie hinaus, und ich weiß nicht, wo sie hingegangen sind. Jagt ihnen eilends nach, dann werdet ihr sie ergreifen. Die aber jagten den Männern nach auf dem Wege zum Jordan bis an die Furten, und man schloß das Tor zu, als die draußen waren, die ihnen nachjagten. Und ehe die Männer sich schlafen legten, stieg sie zu ihnen hinauf auf das Dach und sprach zu ihnen: Ich weiß, daß der Herr euch das Land gegeben hat; denn ein Schrecken vor euch ist über uns gefallen, und alle Bewohner des Landes sind vor euch feige geworden.«

Das ist für einen Heiden in dieser Zeit ein Glaubensbekenntnis. Ich weiß, daß der Herr, euer Gott, euch das Land gegeben hat. Ein Schrecken? Das ist die Ausstrahlung des kämpfenden Gottes Israels, des Gottes Zebaoth, des Herrn der Heerscharen. Wenn Menschen diesem Gott begegnen, wie zum Beispiel in der Offenbarung, dann kann alles mögliche passieren. Genauso war es bei den Propheten. Jeder weiß, daß, wenn er diesem Gott zu nahe kommt, er in Gefahr ist, und daß, wenn er ihn sieht, ihn wahrnimmt, er sterben muß. Ja, Gott strahlt einen Schrecken aus. Er ruft zum heiligen Krieg, das bedeutet, er erschreckt die Feinde, so daß sie gelähmt sind, daß sie nicht kämpfen können, sowohl seelisch als auch körperlich.

Die Heiden haben dies, in diesem Fall in Jericho, deutlich gespürt. Rahab weiß, woher das kommt: Gott steht dahinter. Dieses fremde Volk wird siegen. Sie hat keine Zukunft mehr in ihrem Volk; ihr Volk hat überhaupt keine Zukunft mehr, und sie geht über zu dem Volk Israel. Wer hat das noch deutlicher und klarer gesagt »Dein Volk ist mein Volk, und dein Gott ist mein Gott«? — Rut. Sie hat Gott durch ihre Schwiegermutter kennengelernt.

Gott kommt, um zu kämpfen. Um das geht es in unserem Leben. Die Feinde müssen vor uns weichen, wenn Jesus für uns kämpft.

Die Welt, in der wir leben, ist am Sterben, aber eine neue Welt ist im Kommen. Das ist der Weg Rahabs. Sie geht einen neuen Weg in die neue Welt. Das ist auch unser Weg als Christen. Wir gehen vorwärts aus der alten Welt in die neue. Das heidnische Kanaan liegt im Sterben, aber Rahab wird herauskommen. Das gleiche geschah bei Lot. Er mußte die vergehende Welt hinter sich lassen, den Blick auf die neue Welt gerichtet. So war es auch mit Abraham, mit Jesus Christus, dem Auferstandenen. Nicht an der alten Welt hängen! Wir müssen vorwärts auf Jesus Christus blicken, mit ihm sterben, täglich neue Kraft bekommen und unser Ziel vor Augen behalten. Das höchste Ziel, das wir vor uns haben, ist, mit Jesus Christus zu sterben und mit ihm aufzuerstehen. Das ist das vor uns liegende Ziel, nichts anderes sonst.

Rahab verläßt eine sterbende Welt. Dieses Thema geht durch die ganze Bibel. Vergeßt nicht, wie schwer das ist. Es ist ihre, Rahabs Welt, nicht irgendeine. Rahab aber kann nicht wirklich froh sein. Es war doch ihre Heimat.

»Denn wir haben gehört, wie der Herr das Wasser im Schilfmeer ausgetrocknet hat vor euch her, als ihr aus Ägypten zogt, und was ihr den beiden Königen der Amoriter, Sihon und Og, jenseits des Jordans getan habt, wie ihr an ihnen den Bann vollstreckt habt.«

Das Schilfmeer bedeutet Tod. Aber Israel kam ohne Schaden durch das Schilfmeer, denn der Tod ist ausgetrocknet. Dies ist eine Vordeutung der Taufe. Dieses Wunder ist für Israel das Zentrum des Alten Testaments. Dieses zentrale Geschehen, das immer wieder betont wird, wirkt so, daß es sich sogar in der heidnischen Welt herumspricht.

Das ist genau das, was Jesus Christus für uns getan hat. Durch sein Kreuz hat er uns aus dieser Welt errettet, er ist der Weltüberwinder. Der Ruhm Jesu und sein Wort gehen bis an das Ende der Tage, bis an die Enden der Welt. Deswegen ist das Zentrum des Alten Tesaments dieses Bild, diese Befreiung; Befreiung letzten Endes von der Macht der Götzen. 400 Jahre lang waren die Israeliten nicht nur politisch und sozial in der Sklaverei, sondern vor allem unter der Sklaverei der Götzen. Die Befreiung von diesem Götzendienst dauerte dann 40 Jahre. So schlimm ist es mit dem Götzendienst. Heute sagen wir Okkultismus oder Spiritismus. Es kann Jahrzehnte dauern bis man völlig davon freigeworden ist.

»So vollstreckten sie den Bann.« — Was bedeutet das? Wenn an einem Volk der Bann vollstreckt werden mußte, so hieß es, daß sie alle sterben mußten, vielleicht auch ihre Tiere, das ganze Volk, Kleine und Große. Das forderte Gott oft. Saul wird selbst verworfen, weil er den Bann nicht vollstreckt hat. Er hat einen König, der sterben sollte, nicht umgebracht, auch hatte er viele Tiere am

Leben gelassen. Warum hat Gott solche unmenschlichen Taten gefordert? Es war sein Gericht. Seien wir uns darüber im klaren.

Der Bann wird an den Götzendienern vollstreckt werden. Was nicht Gott gehört, muß zerstört werden, weil die Anbetung von Götzen unsere gesamte Persönlichkeit durchflutet. Sie umfaßt unsere ganze Person, sogar die Tiere. Es kommt immer wieder in der Bibel vor, daß auch die Tiere umgebracht werden müssen. Auch sie sind verseucht, auch sie sind in den Krallen der Götzen. Michael Hahn sagte: »Daß einer bekehrt ist, merkt man auch an der Beziehung zu seiner Kuh.« Vielleicht könnte man auch sagen: »An seinem Dackel.« Eine solche Ausstrahlung geht bis in die Tierwelt hinein. Ein Tier kann eine solche Ausstrahlung von Christi Liebe merken. Ist ein Tier aber von Götzen verseucht, so muß es umgebracht werden. »Du sollst keine Götzen neben mir haben.« Ist einer verseucht von seiner Lust, seiner Bequemlichkeit, von diesem und jenem, so sollen wir das niemals verharmlosen. Das Gericht droht.

»Und seitdem wir das gehört haben, ist unser Herz verzagt, und es wagt keiner mehr, vor euch zu atmen; denn der Herr, euer Gott, ist Gott oben im Himmel und unten auf Erden.«

Wenn ihr nicht geglaubt habt, daß die erste Aussage ein Glaubensbekenntnis ist, dann glaubt ihr es vielleicht jetzt. Es ist für einen Heiden ein volles Glaubensbekenntnis. »Denn der Herr, euer Gott, ist Gott oben im Himmel und unten auf Erden.« Das bedeutet, er hat Vollmacht, er regiert die Schöpfung und die ganze Welt.

»So schwört mir nun bei dem Herrn, weil ich an euch Barmherzigkeit getan habe, daß auch ihr an meines Vaters Hause Barmherzigkeit tut, und gebt mir ein sicheres Zeichen.« Später hat jemand ähnlich geredet. Wer war das? »Ich weiß, daß du der König sein wirst, ich will es nicht sein. Aber du sollst mich und mein Haus retten und schützen.« Wer sagte das? Jonathan zu David. Genau das gleiche Motiv. »Ich weiß, daß das so ist, daß du erwählt bist.« Wie Jonathan, so weiß auch Rahab von der Erwählung. »Aber rette mich und mein Haus.« »Weil ich Barmherzigkeit an euch getan habe, müßt ihr Barmherzigkeit an mir tun.« Ja, natürlich! Wenn jemand Gutes an uns tut, müssen wir auch ihm wieder Gutes erweisen. Hier geschieht es um der Verheißung willen, und deswegen wird es erfüllt.

»Und gebt mir ein sicheres Zeichen, daß ihr leben laßt meinen Vater, meine Mutter, meine Brüder und meine Schwestern und alles, was sie haben, und uns vom Tode errettet.«

Warum ist das für sie so wichtig? Rahab ist Teil einer Großfamilie. Jeder und jede gehört fest dazu. Das sahen wir schon bei Noah und bei Abraham. Diese starke Zusammengehörigkeit kennen wir heute kaum noch.

Jesus hat die Großfamilie erweitert. Wie sagte er doch? »Wer ist meine Mutter und meine Brüder? Wer Gottes Willen tut, ist mein Bruder und meine Schwester und meine Mutter« (Mk 3, 33.35). Gehören dann nicht auch wir zu seinem Geschwisterkreis? »Die Männer sprachen zu ihr: Tun wir nicht Barmherzigkeit und Treue an dir, wenn uns der Herr das Land gibt, so wollen wir selbst des Todes sein, sofern du unsere Sache nicht verrätst.«

»Da ließ Rahab sie an einem Seil durchs Fenster hernieder; denn ihr Haus war an der Stadtmauer, und sie wohnte an der Mauer.« Einige Male spielte in der Geschichte Israels ein Seil die rettende Rolle, zum Beispiel bei David, bei Jeremia und bei Paulus.

»Und sie sprach zu den Männern: Geht auf das Gebirge, daß euch nicht begegnen, die euch nachjagen, und verbergt euch dort drei Tage, bis sie zurückkommen, die euch nachjagen, danach geht eure Straße. Die Männer aber sprachen zu ihr: Wir wollen den Eid so einlösen, den du uns hast schwören lassen: Wenn wir ins Land kommen, so sollst du dies rote Seil in das Fenster knüpfen, durch das du uns herniedergelassen hast, und zu dir ins Haus versammeln deinen Vater, deine Mutter, deine Brüder und deines Vaters ganzes Haus. Und wer zur Tür deines Hauses herausgeht, dessen Blut komme über ihn.«

Die Tür ist die Grenze zwischen Leben und Tod. Innerhalb ist das Leben, man ist gesichert, außerhalb aber ist der Tod. Dieses Motiv kam schon beim Passa vor.

Was tut man, damit der Todesengel vorbeigeht? Man schlachtet ein fehlerloses Lamm und streicht das Blut an die beiden Türpfosten und an die Oberschwelle. War das nicht eine bildliche Vordeutung auf die Kreuzigung Jesu auf Golgatha mit den zwei Schächern neben sich? Paßt nicht alles zusammen? Das Seil, das rettet, ist rot wie das Blut des fehlerlosen Lammes. Das Lamm ist Jesus Christus. Eine Heidin mit ihrer Familie wird gerettet, wenn sie die Rettung annimmt. Von diesem Tag an gehört sie zum Volk Gottes. Aber Jesu Blut ist das Blut der Versöhnung, dieser Schrei des Volkes Israel im Neuen Testament ist auch ein unbewußter Schrei nach Erlösung, nach Versöhnung durch Jesu Kreuzesblut, hier vorgedeutet: »Und wer zur Tür deines Hauses herausgeht, dessen Blut komme über ihn.«

Der Herr tut Wunder

Und Josua machte sich früh auf, und sie zogen aus Schittim und kamen an den Jordan, er und alle Israeliten, und blieben dort über Nacht, ehe sie hinüberzogen. Nach drei Tagen aber gingen die Amtleute durchs Lager und geboten dem Volk: Wenn ihr die Lade des Bundes des Herrn, eures Gottes, seht und wie die Priester aus dem Stamm Levi sie tragen, so brecht auf von eurem Ort und folgt ihr nach; doch daß zwischen euch und ihr ein Abstand sei von ungefähr zweitausend Ellen! Ihr sollt ihr nicht zu nahe kommen. Aber ihr müßt ja wissen, auf welchem Wege ihr gehen sollt; denn ihr seid den Weg bisher noch nicht gegangen. Und Josua sprach zum Volk: Heiligt euch, denn morgen wird der Herr Wunder unter euch tun. Und zu den Priestern sprach er: Hebt die Bundeslade auf und geht vor dem Volk her! Da hoben sie die Bundeslade auf und gingen vor dem Volk her. Und der Herr sprach zu Josua: Heute will ich anfangen, dich groß zu machen vor ganz Israel, damit sie wissen: wie ich mit Mose gewesen bin, so werde ich auch mit dir sein. Und du gebiete den Priestern, die die Bundeslade tragen, und sprich: Wenn ihr an das Wasser des Jordans herankommt, so bleibt im Jordan stehen. Und Josua sprach zu den Israeliten: Herzu! Hört die Worte des Herrn, eures Gottes! Daran sollt ihr merken, daß ein lebendiger Gott unter euch ist und daß er vor euch vertreiben wird die Kanaaniter, Hetiter, Hiwiter, Perisiter, Girgaschiter, Amoriter und Jebusiter: Siehe, die Lade des Bundes des Herrschers über alle Welt wird vor euch hergehen in den Jordan. So nehmt nun zwölf Männer aus den Stämmen Israels, aus jedem Stamm einen. Wenn dann die Fußsohlen der Priester, die die Lade des Herrn, des Herrschers über alle Welt, tragen, in dem Wasser des Jordans stillstehen, so wird das Wasser des Jordans, das von oben herabfließt, nicht weiter laufen, sondern stehen bleiben wie ein einziger Wall. Als nun das Volk aus seinen Zelten auszog, um durch den Jordan zu gehen, und als die Priester die Bundeslade vor dem Volk hertrugen und an den Jordan kamen und ihre Füße vorn ins Wasser tauchten — der Jordan aber war die ganze Zeit der Ernte über alle seine Ufer getreten —, da stand das Wasser, das von oben herniederkam, aufgerichtet wie ein einziger Wall, sehr fern, bei der Stadt Adam, die zur Seite von Zaretan liegt, aber das Wasser, das zum Meer hinunterlief, zum Salzmeer, das nahm ab und floß ganz weg. So ging das Volk hindurch gegenüber von Jericho. Und die Priester, die die Lade des Bundes des Herrn trugen, standen still im Trockenen mitten im Jordan. Und ganz Israel ging auf trockenem Boden hindurch, bis das ganze Volk über den Jordan gekommen war.

Josua 3, 1-17

»Und Josua machte sich früh auf, und sie zogen aus Schittim und kamen an den Jordan, er und alle Israeliten, und blieben dort über Nacht, ehe sie hinüberzogen. Nach drei Tagen aber gingen die Amtsleute durchs Lager...«

»Drei Tage«. Soll das etwa ein Buch über Zahlen werden — drei, sieben, zehn, zwölf, vierzig — die verschiedenen heiligen Zahlen? Diese Zahl 3 ist für uns als Christen besonders wichtig. Eigentlich ist es sehr merkwürdig, daß die Zahl 3 sowohl im Alten als auch in Neuen Testament besonders häufig vorkommt. Wenn man mich fragen würde: »Welches ist die zentrale Stelle im Alten Testament, an der die Zahl drei vorkommt?«, müßte ich überhaupt nicht nachdenken. Ich würde sofort sagen: »Wir wollen in die Wüste gehen drei Tage, um dem Herrn zu opfern« (2. Mose 3, 18 u.a.). Immer wieder kommen diese drei Tage vor. Auch wir wollen aus dem Tod, aus der Knechtschaft, diesem lebendigen Tod, in welchen Israel dem Tod geweiht war, aus diesem Land des Götzendienstes, dem geistlichen Tod, hinaus. Darum geht es letzten Endes, nicht so sehr der politischen und sozialen Unterdrückung wegen, sondern dem geistlichen Tod wollen sie entfliehen. Drei Tage »Tod«, dann »neues Leben«. Diese »drei« wiederholt sich als eine Art Vorbereitung bis zu Kreuz und Auferstehung, dort wird die Vorbereitung erfüllt. In der Apostelgeschichte ist Paulus drei Tage blind, er kann nicht einmal essen oder trinken. Er wird in Jesu Kreuz hineingezogen, in Blindheit, totale Dunkelheit. Er wird sich in der Finsternis der Schuld und Sünde bewußt; es wird ihm klar, daß er ein Mörder ist. Das ist die Vorbereitung zum neuen Leben. Er ißt nicht und trinkt nicht, weil er in der letzten Tiefe Buße tut. Das ist die Vorbereitung für die kommenden Wege der Nachfolge unter dem Kreuz. Dann werden ihm die Hände aufgelegt, er wird getauft und zu einem neuen Leben in Christus ausgerüstet. Drei als die Zahl der biblischen Vorbereitung. Auch wir müssen vorbereitet sein. Eine Frau hat neulich mit mir telefoniert, um mir zu erzählen, für wie wichtig sie die Stille Zeit hält. Das hat im Grunde genommen die gleiche Bedeutung. Die Stille Zeit bereitet uns auf den Tag vor.

»Nach drei Tagen gingen die Amtleute durchs Lager und geboten dem Volk: Wenn ihr die Lade des Bundes des Herrn, eures Gottes, seht und wie die Priester aus dem Stamm Levi sie tragen...«

Das Vorgehen der Lade bedeutet hier: Gott geht voran; Gott mit seinem heiligen Gesetz ist anwesend, ist bei uns, führt uns den Weg. Das wäre auch ein gesamtbiblisches Thema, Gott als Wandergott und Gott, der zur Ruhe und Stille kommt. Gott wandert mit dem Volk Israel bis er dann endlich im Tempel zur Ruhe kommt. Denken Sie daran, was alles zuvor passiert ist: Die Lade wurde von den Philistern gestohlen, sie kam an alle möglichen Orte, befand sich dann sogar unter den Heiden, aber nicht im positiven, sondern im verderblichen Sinn. Dann kam Gottes Lade, Gottes Wesen, endlich im Tempel zur Ruhe. Das war mitten in Israel. Der Staat Israel ist heilig, er gehört Gott. Die Stadt Jerusalem ist hochheilig. Der Tempel ist das Heiligste. Auch im Tempel finden wir die Zahl drei: den Vorhof, das Zentrum und das Allerheiligste. Das ist der Ort, an dem Gottes Name thront, der Mittelpunkt der Welt. Dort ist Stille. Das entspricht Gottes Wesen. Aber was geschah, als Jesus gekreuzigt wurde? Der Vorhang zerriß, und Gott ging auf »Wanderschaft«. Er ging mit seinen Missionaren bis an der Welt Ende. Jesus sagte: »Die Füchse kennen ihre Grube, alle haben ihren Ort, aber des Menschen Sohn hat keinen Platz, wo er sein Haupt hinlegen kann.« Jesus als Wandergott in Israel. Nicht der Gott, der von einem Ort aus alles still regiert, sondern der Wandergott, der mit seinem Volk geht. Von der Himmelfahrt an ist Jesus oben zur Rechten des Vaters, und sein Heiliger Geist wandert mit den Missionaren. Wir müssen fragen, was es beinhaltet, wenn man von einem Wandergott und einem Gott, der zur Ruhe kommt, spricht. Wandergott bedeutet: Gott hat eine Zielsetzung, und diese Zielsetzung ist noch nicht erfüllt. Der stille Gott, der an einem Ort ruht, ist der Gott, dessen Zielsetzung erfüllt ist: Die Landübernahme, dann die Übernahme von Jerusalem, dann die Lade in Jerusalem, und er steht mitten in seinem Volk. Gott, Jesus Christus, auf Wanderschaft, sagt, er gehe zu der Welt. Er ist in Unruhe, weil er um die ganze Welt eifert, vorgedeutet in Jesu Wanderung durch sein eigenes Land und Volk, und nur wenige folgen ihm. Diese Unruhe wird erst dann zu Ende kommen, wenn Jesus wiederkommt, nachdem wir entrückt sind und Israel getauft werden wird. Dann fängt das Tausendjährige Friedensreich an von Israel aus unter Jesus Christus. Nun spielt Jerusalem nochmals eine zentrale Rolle. Von da breitet sich die Mission über die ganze Welt aus. Das bedeutet, Gott ist unterwegs mit uns, immer, persönlich, und gleichzeitig ist er ewig still und in Ruhe. Beides ist der gleiche Gott. Der Heilige Geist ist mit uns unterwegs in allem, was wir tun. Er ist mit uns. Doch der Vater und Jesus sind beide im Himmel, in Stille an ihrem Ort. Dieses Doppelbild, Gott in Bewegung, auf sein Ziel zu, die Missionierung der ganzen Welt — und Gott in der Stille, sieht alles und hat alles unter Kontrolle wie eine feste, uneinnehmbare Burg. Dies ist eine zweifache Aussage über Gott. Beide vertiefen und ergänzen sich.

»Wenn ihr die Lade des Bundes des Herrn, eures Gottes, seht und wie die Priester aus dem Stamm Levi sie tragen, so brecht auf von eurem Ort und folgt ihr nach.« Jesus sagt: »Komm und folge mir nach.« Es ist genau das gleiche Bild. Das Volk Israel als Ganzes folgt Gott nach. Gott geht voran. Die Leviten tragen die Lade. Was ist das Besondere an den Leviten? Sie gehen voran, um das Land zu übernehmen. Aber als einziger Stamm bekommen sie kein Land. Sie haben als Hab und Gut Gott, den heiligsten »Stamm«.

Zu diesem Thema »Leviten« eine kleine, interessante Geschichte aus unserer Zeit. Die Knaben meiner Hauptschulklasse, in der ich Religionsunterricht erteile, tragen Hosen, welche »Levis« heißen. Diese waren in der Goldrauschzeit, im 19. Jahrhundert, in Amerika von einem Juden aus dem Stamm Levi, einem Wanderjuden, auf den Markt gebracht worden und werden heute noch hergestellt.

Beim Einzug in das Land Kanaan ging dieser Stamm also voran. Trotzdem erhielten sie von dem eroberten Land nichts, obwohl sie die Lade zu tragen hatten und diese im Zentrum stand.

»So brecht auf von eurem Ort und folgt ihr nach.« Dies deutet auf Nachfolge, den schmalen Weg im Neuen Testament. Zentrales Vorbild eines wahren Lebens mit Gott sowohl im Alten wie im Neuen Testament ist dieses Bild der Nachfolge. Der Herr geht voran, ob das im heiligen Krieg im Alten Testament ist, ob bei der Landübernahme, ob im täglichen Leben, bei der Befolgung der religiösen Vorschriften der Gesetze, Gott geht immer mit seiner Wegweisung zum Leben, das heißt Thora, voran.

Und genauso ist das im Neuen Bund. Jesus sagt: Komm und folge mir nach. Der Weg der Mission ist, daß der Heilige Geist diesen Weg führt und die zentralen Entscheidungen trifft, z. B., daß Paulus nach Europa kommt. Diese Entscheidung trifft der Heilige Geist, nicht er selbst. Dies ist unser persönlicher Weg, der Weg jedes Gläubigen, hinter Gott zu gehen. Wehe dem, der versucht, vor Gott zu gehen. Theologen, die ihre Ideologien predigen, ziehen Gott hinter sich her, haben ihn im Schlepptau. Das ist nicht der wahre Gott. Wehe uns, wenn wir versuchen, Gott in unsere Bahn zu bringen, zu tun, was wir wollen, und dann irgendeine Bibelstelle zitierend, sagen: »Ja, das will Gott von mir haben.« Der wahre Weg der Nachfolge ist der Weg, sich total unter Christus zu stellen.

Ich muß sagen, daß es mir in allem, was ich tue, sehr wichtig geworden ist, daß ich mir immer das Bild vorstelle, wie ich zu Füßen Jesu stehe, direkt vor Jesus und mich an seinen Füßen festhalte. Er ist mit seinen ausgestreckten Händen über mir und zeigt mir den Weg. Dieses Bild bedeutet mir ungeheuer viel. Ich habe es immer vor Augen, bevor ich eine Predigt schreibe, bei sehr wichtigen Besuchen, wenn jemand sehr in Not ist, denn unsere Kraft kommt nicht aus uns und unsere Wegweisung nicht von uns. Jesus sagt: »Ich bin der Weg, die Wahrheit und das Leben.« Deswegen ist dieses Bild so wichtig, und es läuft durch die ganze Bibel. Es gibt nichts im Neuen Testament was nicht auch im Alten Testament vorkommt. Jesus ist sehr stark im Alten Testament.

»Aber ihr müßt ja wissen, auf welchem Wege ihr gehen sollt; denn ihr seid den Weg bisher noch nicht gegangen.« Das ist ein gesamtbiblisches Thema! Es fängt mit Abraham an: »Abraham, du sollst gehen in ein Land, das ich dir zeigen will«, ohne zu sagen, welches Land es ist. Genauso ist es mit diesem Volk. Komm und folge mir nach — ihr wißt gar nicht, wohin ihr gehen sollt. Ist das mit uns nicht auch so? Wenn wir wirklich mit dem Herrn gehen, dann gehen wir immer in Neuland. Wir erleben Begegnungen, die wir nicht erwarten. Er führt uns auf seinen Wegen. Das ist das Gesamtbild vom Hirten in der Bibel: Der Herr ist mein Hirte. Er führt mich, und zwar auf seinen Wegen. Denn er weiß besser was ich brauche, er führt mich zu frischem Wasser, zum Leben, zu Klarheit und Reinheit. So ist es durchgängig in der Bibel, daß

Menschen zu Neuland berufen werden. Lassen wir uns im klaren darüber sein, Glaube ist Neuland. Wenn wir Jesus in unsere Frömmigkeitsschemen hineinpressen wollen, dann ist Glaube kein Neuland mehr, dann haben wir ihn in unsere bestimmte Art von Frömmigkeit einbezogen, das ist nicht wahrer Glaube. Der wahre Glaube bedeutet, jeden Tag zu sagen: Jesus, du zeigst mir deine Wege, und ich bin bereit, sie zu gehen. Ich will nicht dich in meinem Griff haben, auch nicht in meiner Frömmigkeit, sondern ich will, daß du mir den Weg zeigst. Wenn wir wirklich diese Wege gehen, dem Herrn total ausgeliefert, dann werden wir sehr viele Überraschungen in unserem Leben erleben, sehr viel Neuland, und sehr viele zentrale Begegnungen haben, die man nie erwarten würde. Dies erlebe ich immer wieder. Aber versucht nicht, diesen Herrn in euer eigenes Schema von Frömmigkeit hineinzupressen. Dann erschafft ihr nur euer eigenes Wunschbild, wie ihr ihn haben wollt, und das ist gefährlich. Er ist der Herr und nicht wir. Das spricht nicht gegen Frömmigkeit. Wir sollen in die Kirche gehen, wir sollen in die Bibelstunde gehen, wir sollen beten — aber das Zentrum soll sein: Herr, du zeigst mir meinen Weg, ich bin bereit ihn zu gehen, wie und wann du das haben willst. Denn das ist das Zentrum vom Gebet, und das ist das Zentrum dessen, was Gottesdienst und Bibelstunden bedeuten.

»...doch daß zwischen euch und ihr ein Abstand sei von ungefähr zweitausend Ellen! Ihr sollt ihr nicht zu nahe kommen. Aber ihr müßt ja wissen, auf welchem Wege ihr gehen sollt; denn ihr seid den Weg bisher noch nicht gegangen.«

Dieser Abstand von Gott ist eine sehr wichtige Sache. Ich wurde auf einen Text in der Offenbarung aufmerksam gemacht, in welchem steht, daß die Gebete der Heiligen nicht direkt zu Gott kommen (Offb 5); sie müssen übertragen werden auf eine goldene Schale. — Abstand von Gott. Jesus überwindet diesen Abstand, indem er zu uns kommt. Aber es ist gefährlich, wenn wir zu nahe an Gott herantreten, das wissen wir vom Alten Testament: »Wer Gott sieht, muß sterben.«

Auch im Neuen Testament ist dies so. Es besteht für uns eine große Gefahr heute: die Verniedlichung und Verharmlosung Jesu — er ist nur ein Mensch wie ich. Ja, er ist ein Mensch wie ich geworden, aber nicht nur. Er ist zugleich der heilige Gott. Da ist immer ein Abstand vorhanden. Er überwindet diesen Abstand in seiner Liebe, indem er zu uns kommt. Aber gleichzeitig ist er auch ein ferner und richtender Gott. Deshalb müssen wir diesen Abstand halten. Wir dürfen wissen: Jesus ist mir nahe, ich kann alles mit ihm teilen, er ist auch Mensch geworden. Aber gleichzeitig müssen wir wissen, daß er der heilige Gott ist, wie es in der Offenbarung steht: Sie fallen alle vor ihm nieder, weil sie gezwungen sind, vor ihm niederzufallen, nicht weil sie selbst auf die Knie gehen. Wir haben es mit einem heiligen Gott zu tun, und das ist ein sehr wichtiger Punkt hier, wir sollen diesem Gott nicht zu nahe kommen. Wir sollen wissen, er ist nahe bei uns und er will alles mit uns tragen, persönlich, aber wir sollen gleichzeitig wissen, daß er der heilige Gott, der lebendige Gott und der eifernde Gott ist. Wir sollen uns über diesen Abstand bewußt werden.

In der Bibel finden wir dieses Bewußtsein über den Abstand zwischen Menschheit und Gottheit schon sehr früh. Adam und Eva hörten: Dies gehört euch nicht, der Baum des Lebens und der Erkenntnis. Das ist die Abgrenzung des Menschseins vom Gottsein. Genau das ist die große Gefahr der Theologie unserer Zeit, der Frömmigkeit unserer Zeit, nämlich das Menschwerden Jesu so in den Mittelpunkt zu stellen, daß die Heiligkeit und Göttlichkeit Jesu in den Hintergrund gedrängt werden. Beides muß festgehalten werden, der Wandergott und der stille Gott, der nahe Gott, der Gott der Liebe und Führung, der Mensch geworden ist und gleichzeitig der unnahbare Gott, der Gott des Gerichts und der Gerechtigkeit und Heiligkeit. Beides gehört zu diesem Gottesbild. Das läuft durch die ganze Bibel, durch das Alte wie das Neue Testament. Jesus zeigt die Gottesferne des Menschseins deutlich. In der Bergpredigt, in seiner größten und gewaltigsten Predigt, sagt er: Gott verlangt Vollkommenheit. Dies zeigt eine Ferne, denn wie können wir vollkommen sein? Die totale Ferne zwischen Gottheit und Menschheit ist in dem nahen Gott Jesus auch überwunden. Ein wahres christliches Leben vereinigt diese beiden Seiten: in Beziehung zu dem Gott, der uns nahe gekommen ist, der Mensch geworden ist, indem wir persönlich zu ihm beten, persönlich alles ihm übergeben, persönlich wissen, er ist unterwegs mit mir, wie mit den Emmausjüngern, er ist immer unterwegs mit mir auch wenn ich mir nicht bewußt darüber bin; aber gleichzeitig muß ich wissen, daß ich diesen Gott in meinen Weg, in meine Interessen, in meinen Plan nicht hineinzwingen kann, sondern daß er ein ungleich entfernter, heiliger und objektiver Gott ist. Es ist eine sehr schwierige Sache, diese Verbindung zwischen der nahen Liebe Christi und dem objektiven, richtenden Christus herzustellen, aber es ist der gleiche Gott. Israel muß hier einen Abstand halten. Das geht weiter im Neuen Testament, das ist nicht nur alttestamentlich.

»...nicht zu nahe kommen« — ihr sollt nicht so neugierig sein über Gott, auch nicht so neugierig wie sein Reich beschaffen ist, das ist auch ein Zunahekommen. Dies werden wir wissen, wenn wir sterben, das gehört ihm, das gehört uns jetzt nicht. Er sagt: »Komm und folge mir nach« und »Wer mir nachfolgen will, der verleugne sich selbst und nehme sein Kreuz auf sich und folge mir nach« — das ist zentral. Diesen Text kann man nicht oft genug zitieren. Wir gehen hinter ihm her. Wir wissen, wie es mit Mose war, als Gott vorüberging; Gott geht vorbei, dann Mose hinter ihm her.

»Und Josua sprach zum Volk: Heiligt euch, denn morgen wird der Herr Wunder unter euch tun.«

Was bedeutet dieses »Heiligt euch«? Das ist sehr schwierig. »Heilig« bedeutet, du sollst zu Gott gehören. Man soll sich an die Regeln der Reinheit halten, das sind sehr komplizierte Gesetze. Aber für uns Christen bedeutet »heilig« sehr einfach: Wie soll ich dich empfangen? Macht eure Herzen offen für den Herrn. Er kommt jetzt zu dir. Das bedeutet »heilig« in unserem christlichen Sinn. Die Vorbereitung ist nicht eine gesetzliche, kultische Vorbereitung, sondern eine innere, geistliche Vorbereitung. Heiligen bedeutet: Sei jetzt bereit, daß der Herr dich führt, und er führt auch durch Wunder. Er wird euch jetzt Wunder zeigen. Ich meine, daß das nicht nur für die Überquerung des Jordans gültig ist, sondern daß dieser Text tägliche Bedeutung hat. Wer sich wirklich heiligt, und das bedeutet, ganz und gar dafür vorbereitet ist, dem Herrn nachzufolgen, der wird ins Neuland geführt.

Israel kommt hier in ganz neues Land, in das verheißene Land. Genauso kommen wir zu dem verheißenen Land, wenn wir uns heiligen, das heißt uns vorbereiten auf Christus. Dies können wir nicht in bestimmte Formen bringen, in bestimmte Gebete, wie man es im Mittelalter zu tun versucht hat. Letzten Endes bedeutet es, daß wir vor Christus demütig knien, nicht nur körperlich, sondern im Geist, und daß wir alles von ihm erwarten. Wenn wir alles von ihm erwarten, dann wird er bringen, was das Richtige für uns ist. Es ist ein sehr starkes Wort. »Heiligt euch, denn morgen wird der Herr Wunder unter euch tun.« Das ist ein immer wiederkehrender Text: Seid vorbereitet, der Herr hat Wunder zu tun. So sollen wir Christen am Ende der Tage jeden Tag in Erwartung seiner Wiederkunft leben, als ob die Wiederkunft heute kommt. So soll man leben jetzt am Ende der Tage, denn niemand weiß Tag oder Stunde. Wir sollen vorbereitet sein auf diese Wiederkunft, indem wir nicht an den weltlichen Schätzen hängen, wie Lots Frau, sondern daß wir bereit sind, mit Christus vorwärts zu gehen. Ich habe zu meinem Sohn Andreas gesagt, als er sechs Jahre alt war: »Jesus kommt wieder, das sollst du immer wissen und niemals vergessen, sei bereit, vorbereitet.« Das bedeutet: Heiligt euch, hängt nicht an dieser Welt, denn diese Welt ist nicht das Letzte; das Endgültige ist Jesus Christus. Er ist der Herr, der Wunder an uns tut, wenn wir uns ihm wirklich übergeben. »Wie soll ich dich empfangen...« ist für mich ein zentrales Lied; nicht nur in der Adventszeit, sondern das ganze Jahr kann man es singen. »Wie soll ich dich empfangen, und wie begeg'n ich dir...«. Genau dies bedeutet letzten Endes Stille Zeit: Wie soll ich dir begegnen? Wißt ihr, was gerade dieses Wunder ausmacht? Das Wunder, daß man Gottes Wort hört und liest und man merkt, er, der Retter ist unter uns. Das ist ein zentrales Wunder. Daß unsere menschlichen Wege und alles, mit dem wir uns abplagen, unsere natürliche Art und Weise, daß das plötzlich beiseite gelegt ist. Wir merken, wir haben es mit einem Gott zu tun, er spricht durch sein Wort, und wir sind seine Kinder. Das bedeutet dieser Text auch: »...denn morgen wird der Herr Wunder unter euch tun.« Denn es ist jedesmal ein Wunder, wenn das passiert. Als unsere Jugend vor dem Gottesdienst gefragt hat, warum man in den Gottesdienst gehe, haben jene von der Kerngemeinde fast alle geantwortet: »Wir gehen in den Gottesdienst, um Gottes Wort zu hören, Gottes Wirklichkeit zu erleben.« Das bedeutet nicht die leichte Antwort: um getröstet zu werden — was sehr zweideutig ist; getröstet könnte bedeuten, menschlichen Trost zu hören, etwas, das mir nützt. Das ist nicht Gottesdienst, sondern zu hören, daß Gott da ist, daß er trotz meinen weltlichen Wegen, trotz aller meiner Grenzen zu mir steht, und daß er ruft: Gehe vorwärts mit mir! — Das ist ein wahrer Trost, daß wir so einen Gott haben, Gott sei Dank. Denn sonst wäre alles umsonst.

»Denn morgen wird der Herr Wunder unter euch tun«, das ist ein ebenso zentraler Satz wie der Satz: »Folge mir nach!« und der Satz über »Abstand« und der Satz »Wege, die ihr noch nicht gegangen seid«. Das hängt alles miteinander zusammen. Hier kommt Erfüllung, totale Erfüllung, das verheißene Land. Wißt ihr, warum das Land Israel so wichtig für das jüdische Volk ist?

Manche meinen, das Land Israel ist für uns so wichtig, weil jedes andere Volk sein Land hat, die Deutschen, die Franzosen, die Russen, die Amerikaner, alle — aber das Volk Israel hat kein Land, und es will ein Land haben wie andere Völker auch. Das ist aber nicht die tiefste Antwort. Die tiefste Antwort ist: Das Land Israel ist so wichtig für das Volk Israel, weil es weiß, wenn wir im Land sind, dann ist Gott mitten unter uns, weil das seine Verheißung an uns ist. Und wenn wir außerhalb Israels sind, sind wir in Verbannung, leben wir unter Strafe. Es steht deutlich geschrieben: »Ich werde euch unter alle Völker zerstreuen, wenn ihr nicht tut, was ich will.« Im Lande sein, bedeutet bei Gott sein, er ist in der Mitte, er geht voran, er ist im Land anwesend. Was bedeutet dann »im Lande sein« für einen Christen? Wir gehen mit einem Gott der Mission, dem Heiligen Geist, einem Wandergott, das bedeutet, bei Jesus zu sein, bei ihm im Lande, das ist unser wahres Land, unser Neuland, das immer wieder zu uns kommt.

»Und zu den Priestern sprach er: Hebt die Bundeslade auf und geht vor dem Volk her.«

Interessant, Josua befiehlt den Priestern. Darum, wie wir später sehen, weil er der Nachfolger Moses ist; er ist mehr als ein Priester, er ist ein Gottesknecht. Gott redet direkt durch ihn, er vermittelt direkt durch ihn. Auch das sind Stufen, aber auf dem Weg zu wem, zu welchem Vermittler? Zu Jesus. Es geht um einzelne Menschen. Erst geht es um Abraham, Isaak und Jakob, einzelne Menschen und Israel, dann geht es über Mose und Josua, dann über die Propheten. Später geht es zu der Erfüllung von all dem, auch natürlich über David, den großen König, zu Jesus, dem Inbegriff eines Hohenpriesters, dem Inbegriff eines Königs, dem Inbegriff eines Propheten, als zentraler Vermittler. Er vereinigt all diese Funktionen in sich. Josua redet mit Vollmacht, er redet klar.

Josua ist direkt getroffen von Gott, er redet und befiehlt. Warum befiehlt er? Weil das Wort von Gott kommt, nicht von ihm. Das ist Prophetie im modernen Sinn. Melanchton hat Luther für den großen modernen Propheten gehalten, den großen Vermittler, weil er an das Grundproblem seiner Zeit ging. Er hat es entblößt, die Gottesferne der Kirche und der Welt seiner Zeit. Das kommt nicht von uns, das kommt von Gott.

»Und zu den Priestern sprach er: Hebt die Bundeslade auf und geht vor dem Volk her. Und der Herr sprach zu Josua: Heute will ich anfangen, dich groß zu machen vor ganz Israel, damit sie wissen: Wie ich mit Mose gewesen bin, so werde ich auch mit dir sein.« — Du bist mein Sprachrohr, durch dich werde ich sprechen.

Natürlich ist Josuas Auftrag ein ganz anderer als der von Mose. Mose hatte alle möglichen Aufträge: Befreiung aus der Knechtschaft; Empfangen des Gesetzes; Durchführen durch die Wüste in der Brautzeit. Er ist der größte Knecht Gottes im Alten Bund, größer noch als David. Josua hat eine bestimmte Rolle, er ist der große Kriegsknecht. Warum ist das wichtig? Er kämpft den heiligen Krieg, damit das Land übernommen werden kann. Das bedeutet, ein Krieg, damit Gott zur Ruhe kommt mit seinem Volk.. Über diesen Begriff »heiliger Krieg« kann man unter weltlichen Gemeinden überhaupt nicht reden. Als ich dies bei einer Jahrgangsgruppe versucht habe, stand nachher einer da und sagte: »Ja, was soll das sein, wir haben genug vom heiligem Krieg.« Als ob Hitlers Krieg ein heiliger Krieg gewesen wäre, er hat keine Ahnung, was heiliger Krieg bedeutet. Der einzige heilige Krieg ist der Krieg, in dem es um die Landübernahme geht. Die Landübernahme nach Auschwitz war auch ein heiliger Krieg, aber kein Mensch hat das direkt gesagt; es war noch viel heiliger als das, was bei Josua passierte. Wißt ihr, warum? Weil das der Weg der Wiederkunft Jesu war, das Volk ist nochmals im Land. Das ist das Zentrum, warum das Volk Israel im Land sein muß, nämlich wegen der messianischen Verheißung. Nur wenn das Volk im Land ist, nur dann wird der Messias kommen. Deswegen gehen alle diese Reden über Jahreszahlen im Mittelalter und dieses Reden und Spekulieren, wann der Messias kommt, am Zentrum vorbei. Erst wenn das Volk wieder im Land ist, (sie werden über schreckliches Leiden zurückkommen, Hes 37), und wenn die Mission bis an der Welt Ende geht, wird das Wiederkommen stattfinden. Nochmals, der Wandergott, der Gott der Mission und der Gott, der sein erstgeliebtes Volk zur Stille im Land bringt — beides gehört zusammen.

»Und der Herr sprach zu Josua: Heute will ich anfangen, dich groß zu machen vor ganz Israel, damit sie wissen: wie ich mit Mose gewesen bin, so werde ich auch mit dir sein.« Das ist ein gefährlicher Satz. Jeder, der vor Gott groß gemacht wird und vor dem Volk, befindet sich in einer großen Gefahr. In welcher? In der Gefahr zu denken, diesel Macht geht von mir aus. Wir sehen das sehr deutlich in der Geschichte von Paulus.

Paulus, der größte Missionar, der größte Vertreter Jesu, war von Krankheit geplagt, damit Gott ihm zeigen konnte, du bist schwach, ich bin in den Schwachen mächtig, du bist ganz abhängig von mir. Das ist die große Gefahr derer, die wirklich Gottes Knechte, von Gott begnadigt sind. Wir sehen die Fehler, die Luther gemacht hat, haarsträubende Fehler in Beziehung zu Israel und auch in anderen Sachen. Dies ist eine Gefahr für jeden, der besondere Gnade verliehen bekommen hat. Es ist auch bei Josua wie bei Mose eine sehr gefährliche Sache.

Ich bin zu jung, sagte Jeremia. Jeder hat die schönste Ausrede. »Ich habe unreine Lippen«, sagte Jesaja — jeder hat eine andere Ausrede, und das ist einerseits gut und richtig, denn sie wissen, daß es gefährlich ist, weil sie dann sehr nahe bei Gott stehen. Und je näher man zu Gott kommt, desto gefährlicher ist es, denn er ist ein brennender und eifernder Gott. Gerade die tiefste Gnade, die tiefste Verheißung birgt die größte Gefahr in sich. Wir sehen das an den schrecklichen Gerichten und Leiden Israels, welches Gottes erstgeliebtes und nahes Volk ist. Gefährlich ist es, aber es ist Gottes Weg. Gott scheut sich nicht vor Gefahren, und er will, daß auch wir uns nicht vor Gefahren scheuen. Glaube ist das größte Wagnis, ein wahrer Glaube, ein Glaube, der wirklich aus der Nachfolge Jesu besteht. Es ist ein großes Wagnis, wenn man nicht wie andere Menschen denkt und in der Welt und für die Welt lebt, etwas, das man greifen kann, das man denken und sehen kann, sondern sein Leben von einem unsichtbaren Gott leiten läßt. Dies bedeutet ein riesengroßes Wagnis.

»Und du gebiete den Priestern, die die Bundeslade tragen, und sprich: Wenn ihr an das Wasser des Jordans herankommt, so bleibt im Jordan stehen. Und Josua sprach zu den Israeliten: Herzu! Hört die Worte des Herrn, eures Gottes!«

Wenn es um das Wort des Herrn geht, geht es um Schöpfung, um neues Leben. Das ist das Wort, das die Welt erschaffen hat. Hier kommt etwas Neues.

»Daran sollt ihr merken, daß ein lebendiger Gott unter euch ist und daß er vor euch vertreiben wird die Kanaaniter, die Hetiter, Hiwiter, Perisiter, Girgaschiter, Amoriter und Jebusiter.« Sieben Völker!

»Siehe, die Lade des Bundes des Herrschers über alle Welt...« Hört einmal das! Die Theologen haben uns gesagt: »Ihr merkt erst bei Amos, daß der Gott Israels Herrscher über alle Völker ist.« Was für ein Unsinn ist das! Hier steht es deutlich geschrieben: »Siehe, die Lade des Bundes des Herrschers über alle Welt...« Das sind nicht nur diese sieben kleinen Völker und nicht nur Israel, sondern Gott sagt: »Ich tue das für dich, und ich bin Herrscher über alle Welt.« Warum steht das da? Einmal, damit sie keine Angst haben, damit sie Gott vertrauen. Aber es gibt noch einen Grund: Weil durch Israel die ganze Welt gesegnet werden soll. Dies hängt mit einer anderen Verheißung an Abraham zusammen: Dieses Land will ich dir geben. Das ist hier zentral. Nicht nur, daß man Vertrauen in Gott hat, daß er über die ganze Welt herrscht, sondern das Volk Israel ist da um der Welt willen, nicht nur um seiner selbst willen. Auch wir sind nicht um unserer selbst willen da, wir sind da um der Welt willen, damit wir den Menschen von Jesus Christus erzählen und die Botschaft weitergeben. Er ist der Herrscher der Welt, der Allmächtige, der das Land Israel übergeben wird; und durch ihn werden dann alle Völker gesegnet.

Diese Sieben hat auch mit einem Schöpfungswunder zu tun. Was für ein Schöpfungswunder? Was passiert hier? Der Jordan wird trocken gelegt wie das Rote Meer. Es geht hier um ein Zeichen, ein Schöpfungswunder, daß Gott den Tod bannen wird, Wasser bannen wird. Das Volk ging durch den Tod zu neuem Leben. Das ist ein Vortauftext, wie bei dem Schilmeer und wie bei der Sintflut — durch den Tod. Wir sind in Jesu Tod getauft und herausgeholt zu neuem Leben in ihm, in seine Auferstehung getauft. So geht das Volk Israel durch den Tod, durch den Jordan, welcher vor ihnen gespaltet wird — sie gehen durch zu neuem Leben, zum verheißenen Land.

»So nehmt nun zwölf Männer aus den Stämmen Israels, aus jedem Stamm einen.«

Warum zwölf Männer? Sicher, weil es zwölf Stämme sind, aber es gibt jetzt einen tieferen Grund. Sie wollen wieder gutmachen, was sie letztes Mal falsch gemacht haben. Wieviel Leute hatte man vorher ausgeschickt, die sich weigerten, ins Land zu gehen? Es waren auch zwölf. Jetzt kommen wieder zwölf, und sie werden Zeugen von Gottes Sieg, die Wegbereiter, das Land zu übernehmen. Im Gegensatz zu früher, als Israel versagt hatte — vertraut Israel jetzt der Verheißung Gottes.

»Wenn dann die Fußsohlen der Priester, die die Lade des Herrn, des Herrschers über alle Welt...«

Hier wird immer wieder unterstrichen, daß es ein Weltereignis ist, daß Israel das Land übernimmt. Es ist nicht nur ein Lokalereignis, es hat nicht nur mit diesen sieben kleinen Völkern da zu tun, sondern es geht um die Weltverheißung: Land — und durch dich werden gesegnet alle Völker auf Erden. Dieser Segen Abrahams, die vier Segen: Land, Volk, Segen/Fluch und messianische Verheißung hängen alle miteinander zusammen. Es geht die Welt an, was mit Israel jetzt passiert; es hat mit der Welt zu tun und sehr deutlich mit der Wiederkunft Jesu: der Anbruch seines Tausendjährigen Friedensreichs.

»Wenn dann die Fußsohlen der Priester, die die Lade des Herrn, des Herrschers über alle Welt, tragen, in dem Wasser des Jordans stillstehen, so wird das Wasser des Jordans, das von oben herabfließt, nicht weiter laufen, sondern stehen bleiben wie ein einziger Wall.«

Hier übermitteln die Priester Gottes Wunder. Sie bleiben im Wasser stehen, und das Wasser geht zurück. Wißt ihr, warum? Weil fließendes Wasser ein Zeichen der Reinheit ist, und hier kommt die Reinheit, das, was rein ist, zu Israel. Eine kultische Handlung! Aus dieser Reinheit schafft Gott den Weg durch den Tod zum neuen Leben. Sehr interessant ist noch ein Ereignis am Jordan, welches mit Reinheit zu tun hat: Taufe Jesu Christi. Jesus brauchte nicht getauft zu werden. Denn was ist der Sinn der Taufe, was hat Johannes gesagt? Der Sinn der Taufe ist, daß wir Buße tun und unsere Schuld und Sünde erkennen. Jesus brauchte keine Buße tun, er ist Gott, er hat nie gesündigt. Warum läßt er sich dann taufen?

Er läßt sich an der Stelle der Reinheit taufen, am fließenden Wasser, am heiligen Fluß Jordan, welcher sogar einen Nichtjuden im Alten Testament rein machte, Naeman. Er läßt sich an der Stelle der Reinheit taufen, um zu zeigen: Ich bin die Reinheit, auf die Israel immer gewartet hat. Dann spricht Gott: »Das ist mein lieber Sohn.« Da kommt die Taufe als Zeichen von Gottes Frieden und neuem Leben und von heiligem Geist. So ist es hier eine Reinheitshandlung, Israel wird gereinigt, damit es das Land übernehmen kann. Das ist der Vollzug der Heiligung, der Gotteszugehörigkeit, der kultische Vollzug. Die Füße stehen unter Wasser. Erde zu Erde, Asche zu Asche, Staub zu Staub. Wem hat Jesus nur die Füße gewaschen, obwohl dieser wollte, daß der ganze Körper gewaschen wird? Petrus. Er wäscht zeichenhaft und als Vordeutung den Tod von ihm weg, den ewigen Tod. So stehen die Priester da mit den Füßen im Wasser, und dann steht das Wasser still.

»Wenn dann die Fußsohlen der Priester...« (Kapitel 3, 13-17). Noch eine Sache erscheint mir hier besonders wichtig: »So ging das Volk hindurch gegenüber von Jericho.« Warum ist das besonders wichtig? Sie stehen gegenüber Jericho. Was für Mauern gab es da, um das Volk zu schützen? Das Wasser ist zur Mauer gemacht, so steht es da. Da ist eine Mauer, und da steht eine andere Mauer. Das ist die Mauer des Zugangs zum Heiligen Land, zum Vollzug der Verheißung Gottes, die älteste Stadt der Welt, Jericho. Diese Mauer kann nur durch totales Vertrauen diesem Gott gegenüber durchbrochen werden. Ein sehr interessantes Bild: Die Mauer aus Wasser, die hoch dasteht, und gegenüber die Mauer von Jericho. Das ist eine Zeichenhandlung: »Ich habe das zu eurem Schutz getan, diese Mauer geschaffen, und ich werde für euch diese andere Mauer durchbrechen, wenn ihr mir vertraut. Ich bürge dafür, und ich gebe euch dieses Zeichen, das Zeichen dieser Mauer aus Wasser. So wie ihr durch das Wasser kommt, so kommt ihr auch durch diese Mauer von Jericho. Ich werde es für euch tun.« So spricht der lebendige Gott!

Die Zahl »zwölf« in der Bibel

Als nun das Volk ganz über den Jordan gegangen war, sprach der Herr zu Josua: Nehmt euch aus dem Volk zwölf Männer, aus jedem Stamm einen, und gebietet ihnen: Hebt mitten aus dem Jordan zwölf Steine auf von der Stelle, wo die Füße der Priester stillstehen, und bringt sie mit euch hinüber, und legt sie in dem Lager nieder, wo ihr diese Nacht bleiben werdet. Da rief Josua die zwölf Männer, die er bestellt hatte aus Israel, aus jedem Stamm einen, und sprach zu ihnen: Geht hinüber vor der Lade des Herrn, eures Gottes, mitten in den Jordan, und ein jeder hebe einen Stein auf seine Schulter, nach der Zahl der Stämme Israels, damit sie ein Zeichen seien unter euch. Wenn eure Kinder später einmal fragen: Was bedeuten euch diese Steine?, so sollt ihr ihnen sagen: Weil das Wasser des Jordans weggeflossen ist vor der Lade des Bundes des Herrn, als sie durch den Jordan ging, sollen diese Steine für Israel ein ewiges Andenken sein. Da taten die Israeliten, wie ihnen Josua geboten hatte, und trugen zwölf Steine mitten aus dem Jordan, wie der Herr zu Josua gesagt hatte, nach der Zahl der Stämme Israels, und brachten sie mit sich hinüber in das Lager und legten sie dort nieder. Und Josua richtete zwölf Steine auf mitten im Jordan, wo die Füße der Priester gestanden hatten, die die Bundeslade trugen; diese sind noch dort bis auf den heutigen Tag. Die Priester aber, die die Lade trugen, standen mitten im Jordan, bis alles ausgerichtet war, was der Herr dem Josua geboten hatte, dem Volk zu sagen, genau wie Mose dem Josua geboten hatte. Und das Volk ging eilends hinüber. Als nun das Volk ganz hinübergegangen war, da ging die Lade des Herrn auch hinüber und die Priester vor dem Volk her. Und die Rubeniter und Gaditer und der halbe Stamm Manasse gingen gerüstet vor den Israeliten her, wie Mose zu ihnen geredet hatte. An vierzigtausend zum Krieg gerüstete Männer gingen vor dem Herrn her zum Kampf ins Jordantal von Jericho. An diesem Tag machte der Herr den Josua groß vor ganz Israel. Und sie fürchteten ihn, wie sie Mose gefürchtet hatten, sein Leben lang. Und der Herr sprach zu Josua: Gebiete den Priestern, die die Lade mit dem Gesetz tragen, daß sie aus dem Jordan heraufsteigen. Da gebot Josua den Priestern: Steigt herauf aus dem Jordan! Und als die Priester, die die Lade des Bundes des Herrn trugen, aus dem Jordan heraufstiegen und mit ihren Fußsohlen aufs Trockene traten, kam das Wasser des Jordans wieder an seine Stätte und floß wie vorher über alle seine Ufer. Es war aber der zehnte Tag des ersten

Monats, als das Volk aus dem Jordan heraufstieg. Und sie lagerten sich in Gilgal, östlich der Stadt Jericho. Und die zwölf Steine, die sie aus dem Jordan genommen hatten, richtete Josua auf in Gilgal und sprach zu Israel: Wenn eure Kinder später einmal ihre Väter fragen: Was bedeuten diese Steine?, so sollt ihr ihnen kundtun und sagen: Israel ging auf trockenem Boden durch den Jordan, als der Herr, euer Gott, den Jordan vor euch austrocknete, bis ihr hinübergegangen wart, wie der Herr, euer Gott, am Schilfmeer getan hatte, das er vor uns austrocknete, bis wir hindurchgegangen waren, damit alle Völker auf Erden die Hand des Herrn erkennen, wie mächtig sie ist, und den Herrn, euren Gott, fürchten allezeit.

Josua 4, 1-24

»Als nun das Volk ganz über den Jordan gegangen war, sprach der Herr zu Josua.«

»Meine Schafe hören meine Stimme.« Jesus redet jedes einzelne Schaf an, keines soll verloren gehen, er sucht die Verlorenen. Hier geht es um eine Ganzheit. Es steht geschrieben in Sacharja 12, 10: »Ganz Israel wird gerettet werden. Sie werden ihn annehmen, den sie durchbohrt, gekreuzigt haben. Der Geist der Gnade und des Gebets wird ausgegossen über ganz Israel.« Das bedeutet, bei Gott geht es nicht um Kompromisse, es geht um alles oder nichts. Man kann hier auch sagen, was er will ist nicht nur ganz Israel, sondern er will auch uns ganz und gar haben. Äußerlich gesehen ist der alte Bund ein kollektiver Bund, ein Bund mit dem ganzen Volk; der neue Bund ist ein Bund mit einzelnen: Komm und folge mir nach, d. h. er will uns, jeden einzelnen ganz und gar haben.

Dieses »ganz« bedeutet, daß er ein eifernder Gott ist und von uns erwartet, daß wir ihm wirklich ernst folgen, wenn wir mit ihm gehen. Dieses »ganz« hat einen gesamtbiblischen Sinn. Es bedeutet das ganze Volk, jeder einzelne, wir werden ganz bei ihm sein, und wir werden auch ganz wie Gott sein. Er verlangt Vollkommenheit, absolute Reinheit, denn das vollbrachte er selbst am Kreuz. Er gibt uns das ganz und gar, da gibt es kein Zwischending. Jesus sagt: Entweder ist man für oder gegen mich. Das bedeutet, daß diese Art, wie wir heute denken — ein bißchen hier, ein bißchen da, das gehört Gott und das gehört ihm nicht usw. — nicht dem biblischen Denken entspricht. Ich gehöre ihm weil er sich ganz für mich hingegeben hat, seinen Leib, seinen Geist und seine Seele. Er will das auch für mich. Deswegen hat dieses Wort »ganz« hier eine vielschichtige Bedeutung.

»Als nun das Volk ganz über den Jordan gegangen war, sprach der Herr zu Josua: Nehmt euch aus dem Volk zwölf Männer, aus jedem Stamm einen, und gebietet ihnen: Hebt mitten aus dem Jordan zwölf Steine auf von der Stelle, wo die Füße der Priester stillstehen.«

Diese zwölf Männer, dieses Thema zwölf, geht durch die ganze Bibel: Zwölf Kundschafter, die ins Land gehen; es geht von den zwölf Stämmen aus; zwölf Jünger. Ich wurde neulich gefragt, warum Jesus eigentlich zwölf Jünger hatte, wenn Israel zur Zeit von Jesu Geburt nur aus zwei Stämmen bestand. Welches sind die zwei Stämme? Juda, der größte Stamm, und Benjamin, der kleinste Stamm. Warum? Die Antwort ist, daß dies die zeichenhafte Wiederherstellung von ganz Israel ist. Seht, hier wieder dieses Ganze, das ist die messianische zeichenhafte Wiederherstellung der verlorenen Stämme: die zehn, die verlorengegangen sind, und die zwei restlichen. Nebenbei bemerkt ist dieses zehn und zwei in bezug zu den Kundschaftern sehr interessant. Wie viele waren bereit, ins Land zu gehen, und wie viele waren es nicht? Nur zwei waren bereit, dies läuft dann weiter durch die Geschichte: zwei Zeugen und nur zwei Stämme sind übriggeblieben. Zehn sagten nein. Diese zehn werden gerichtet, und in alle Gegenden zerstreut.

»Nehmt euch aus dem Volk zwölf Männer, aus jedem Stamm einen, und gebietet ihnen: Hebt mitten aus dem Jordan zwölf Steine auf von der Stelle, wo die Füße der Priester stillstehen...«

Was bedeutet das? Wasser bedeutet in der Bibel immer drei Dinge. Laufendes Wasser bedeutet zunächst Leben; es kann vom Himmel »laufen« wie bei Elia oder im Fluß. Wegen der Widersprüchlichkeit ist es interessant, da gerade der Fluß Jordan, der durch eine Wüste fließt, eigentlich nicht Zeichen des Lebens ist, sondern des Todes; während dagegen andere Flüsse, wie der Nil, Fruchtbarkeit und Leben geben, spendet der Jordan gar nichts. Das ist ein sehr interessanter Widerspruch. Was bedeutet Wasser noch? Wasser bedeutet zugleich Tod. In der Bibel kommt diese Bedeutung des Wassers zum ersten Mal bei der Sintflut vor. Ebenso sind wir in Jesu Tod getauft, unter Wasser. Was ist die dritte Bedeutung von laufendem Wasser? Es ist die wichtigste von allen:

Reinheit. Wenn jemand weiße Flecken an der Stirn hatte, wurde er als Aussätziger abgesondert. Wenn der weißfleckige Ausschlag wieder verschwand, kehrte man zum Priester zurück. Und wohin schickt der Priester den Mann, damit er gereinigt wird? Zum Wasser, zum fließenden Wasser, und dort werden verschiedene Handlungen vollzogen. Beim genauen Lesen bemerkt man, daß die Zahl sieben vorkommt. Warum sieben? Es bedeutet Schöpfung und Leben, was nun wieder lebendige Beziehung zu dem lebendigen Herrn meint — denn als Aussätziger ist man dem Tod geweiht. Hier geht man zurück zum Leben, zu dem lebendigen Herrn. Was für eine Bedeutung haben dann die Füße auf den Steinen? Was bedeuten Steine in der Bibel? Was bedeuten Steine in Israel heute, die Steine, die gegen das Volk geworfen sind, und an was denkt man, wenn man zu einem jüdischen Friedhof geht und Steine sieht? Tod! Stein bedeutet Tod. Die Priester haben ihre Füße — das ist ein dreifaches Todesbild — unter Wasser, das ist Tod; Füße, Erde zu Erde, Asche zu Asche, Staub zu Staub, das ist auch Tod; und auch Stein bedeutet Tod — eine dreifache Unterstreichung, eine kultische Unterstreichung von Tod. Sie stehen auf diesen Steinen, und der Tod weicht zurück, und das Volk kann auf dem Trockenen hindurch zum Leben gehen. Das bedeutet, diese Steine werden dann lebendige Steine sein. Es gibt einige Stellen wie diese in der Bibel, so zum Beispiel der Eckstein (Psalm 118), oder als Jesus dem Petrus die Füße wusch und Petrus sagte: »Wasche mich ganz«, sagte Jesus: »Die Füße sind genug«. Warum genug? Weil sie an der Erde kleben. Erde bedeutet Tod. »Erde zu Erde, Asche zu Asche, Staub zu Staub.« Hier besteht eine dreifache Unterstreichung der Wirklichkeit des Todes. Es gibt aber keine Grenze zu Gottes Reich, denn er spaltet den Tod. Denkt einmal, wie es mit Jesu Kreuz war — eine dreifache Unreinheit bei seiner Kreuzigung: Tod ist total unrein, Tod der Verdammnis, so wird es unterwegs nach Emmaus erwähnt: »Verflucht ist, der am Kreuze hängt«, das ist die letzte Tiefe. Und dann am Karsamstag? Jesus geht selbst in den Totenbereich. Dieser dreifache Tod wird durch sein reinigendes Blut und seine Auferstehung gespalten. Auch hier gilt eine dreifache Todesbedeutung: Stein, unter Wasser, Füße.

»...und gebietet ihnen: Hebt mitten aus dem Jordan zwölf Steine auf von der Stelle, wo die Füße der Priester stillstehen, und bringt sie mit euch hinüber, und legt sie in dem Lager nieder, wo ihr diese Nacht bleiben werdet.«

Aus den toten Steinen sind lebendige Steine geworden. Der Tod ist in Leben verwandelt worden, denn der Fluß ist ausgetrocknet, so daß das Volk durchgehen konnte.

Sie nehmen zwölf dieser Steine und bringen sie in ihr Lager als sichtbares Zeichen, daß Gott aus Tod Leben hervorgebracht hat. Hier läßt sich eine Parallele zu Golgatha finden: Jesu Kreuz überwindet den Tod und verwandelt ihn in Leben. Der Stein, über seinem Grab gelegt, kann den lebendigen Gott nicht halten.

»Da rief Josua die zwölf Männer, die er bestellt hatte aus Israel, aus jedem Stamm einen...«

Dies wird immer wieder wiederholt, um zu zeigen, daß das ganze Volk gemeint ist. Keiner geht verloren. Auch die zehn verlorenen Stämme gehen letzten Endes nicht verloren. Das zeigt Jesus dann durch die Berufung von zwölf Jüngern.

»...und sprach zu ihnen: Geht hinüber vor die Lade des Herrn, eures Gottes, mitten in den Jordan, und ein jeder hebe einen Stein auf seine Schulter...«

Die Bibel redet oft in Bildern, was geschieht jetzt hier? Das Bild der steinetragenden Israeliten ist nicht neu. Wo haben die Israeliten ständig Steine auf ihre Schultern gelegt? In Ägypten in der Sklaverei. Die Sklaverei ist nun überwunden. Dies hier ist auch eine Zeichenhandlung, denn das ist es gerade, was sie ständig als Sklaven getan hatten: Steine auf ihren Schultern getragen und hinter sich ein Aufseher mit Peitsche. Damals bedeuteten die Steine für die Israeliten den Tod. Hier die Vorstufe, die später durch den Tod der neugeborenen Söhne zur grausamen Vollendung gelangte. Aber nun stehen die Steine für Leben, die lebendigen Stämme Israels, Gottes Volk.

Das ist eine Tatsache, die bei uns, die wir lesen können, verlorengegangen ist. Es ist ein großer Gewinn, daß wir Gottes Wort lesen können, aber deswegen ging diese Bildhaftigkeit in der Kirche immer mehr zurück. Im Mittelalter waren die Kirchen alle mit biblischen Geschichten bemalt. Man konnte bildhaft sehen, was vorgeht. Leider haben wir das zum guten Teil verloren. Das soll kein Vorwurf gegen die Worttheologie sein, denn das Bild ist ein Teil des Wortes, und das Wort ist ein Teil des Bildes. So muß durch das Wort »Steine auf der Schulter tragen« auch das Bild gesehen werden, etwas, was wir nicht mehr so können. »Ein jeder hebe einen Stein auf seine Schulter (jeder einzelne), nach der Zahl der Stämme Israels, damit sie ein Zeichen seien unter euch.« Da steht deutlich geschrieben, wie auch im Johannesevangelium: sie sollen ein Zeichen sein. Und dann kommt die Sache: »Wenn eure Kinder später einmal fragen: Was bedeuten euch diese Steine?«

Wenn die Kinder einmal fragen: Wo kommt das vor? »Durch den Mund von Kleinkindern oder Säuglingen richtet Gott eine Macht auf« (Ps 8), und zwar durch die Nachfolge, durch die Geschichte. Aber wo kommt das vor? Ich denke sofort an zwei für Israel wichtige Stellen, und es gibt bestimmt noch viele andere. Der Befehl an die Väter in Israel: Du mußt den Kindern die Wunder, die Gott an diesem Volk getan hat, erzählen. Dies steht in der Thora, es ist ein Befehl. Jeder Vater ist verpflichtet, seinen Kindern die Wunder zu berichten, die Gott an diesem Volk getan hat, so zum Beispiel das Wunder vom Roten Meer oder auch hier das Jordan-Wunder und alle anderen Wunder. Den Kindern zu erzählen ist ein wunderbarer Befehl an uns. Diesen sollten wir übernehmen. Wir sind dazu da, die Kinder zu erziehen, indem wir ihnen von den Wundern Gottes erzählen. Das kann auch die Mutter machen, nicht nur der Vater. Aber wo kommt es sonst noch vor, daß die Kinder fragen? Es kommt aus der Haggadah, das ist das Buch des Passa: »Warum ist diese Nacht anders als jede andere Nacht?« Der jüngste Sohn stellt diese Frage. — Ich war der einzige Sohn.

Die Kinder stehen sehr zentral, denn der Glaube wird von Generation zu Generation getragen. Wir glauben an eine Neugeburt im Christsein. Ich war immer herablassend gegenüber diesem traditionellen Christentum. Wir haben einen gewissen Abstand dazu, denn jeder muß sich persönlich für Jesus entscheiden. Ich habe immer gedacht, was traditionell ist, stirbt, aber als ich unter Juden war, in dem heute einzigen jüdischen Koscher-Hotel in Deutschland, in Bad Nauheim, sah ich Überlebende von Konzentrationslagern zum Gebet gehen. Warum haben sie das getan? Weil ihre Väter es getan und ihre Großväter es getan haben, und weil man zu dem Gott Israels betet. Er ist schließlich Gott, auch wenn er anscheinend nichts getan hat, um im Dritten Reich dem Volk zu helfen. Er ist schließlich Gott, und man tut es. Nur einer hat sich geweigert, das zu tun. Deswegen mußte ich für ihn einspringen. Einer hat sich geweigert, das zu tun, aber man braucht zehn Männer, um zu beten. Deswegen hat Jesus gesagt: »Wenn zwei oder mehr versammelt sind.« Im Judentum braucht man zehn Männer. Aber wie sie unter sich am Freitagabend Sabbat gefeiert haben, hat mich zutiefst berührt, eben aus den Gründen, weil man das tut, weil es das ist, was sie gelernt haben, als sie Kinder waren, weil es zu einem Teil ihrer Person geworden ist. Man kann zu diesem Gott nicht nein sagen, auch wenn er nein gesagt hat, anscheinend im Konzentrationslager nein gesagt hat. Ich war zutiefst berührt, und ich fing an zu merken, was für eine tiefe Rolle Tradition spielen kann. Denn echte Tradition ist ein Teil der eigenen Person. Sie ist dann keine Form mehr, sondern Inhalt. Versteht ihr, um was es geht? Wenn man von Kindheit an, lernt, wie es ist, dann kann man es oft nicht ändern, genauso wenig wie man seine Gesichtszüge ändern kann. Es ist ein Teil der eigenen Person. Dies ist für uns sehr schwer zu begreifen. Wir sagen, wir müssen neugeboren sein, wir müssen uns für Jesus entscheiden.

Aber da versteht man manche liturgische Kirche besser, wie die koptische und die griechische Kirche, die Professor Beyerhaus sehr in Schutz genommen hat, als sie angegriffen wurden. Er hat gesagt, daß das eine ganz andere Art von Frömmigkeit sei, eine ganz andere Art, mit Jesus zu leben. Diese Riten, diese Formen sind nicht unbedingt nur Formen, denn sie können von Kindheit an zu einem Teil unserer eigenen Person werden. Ich werde mir darüber immer bewußter, wenn ich gläubige Juden erlebe, daß dies keine Form ist, sondern ein Teil ihrer eigenen Person. Es läßt sich genauso wenig ändern wie Gesichtszüge oder Arme oder Beine. Das ändert jedoch nichts an der Tatsache, daß wir uns für Jesus entscheiden müssen. Aber es gibt Traditionen, die so tief gehen, weil sie von Kindheit an von den Eltern an die Kinder überliefert wurden.

»Wenn eure Kinder später einmal fragen: Was bedeuten euch diese Steine, so sollt ihr ihnen sagen: Weil das Wasser des Jordans weggeflossen ist vor der Lade des Bundes des Herrn, als sie durch den Jordan ging, sollen diese Steine Israel ein ewiges Andenken sein.«

Das Wasser fließt weg vor der Lade. Was ist in der Lade? Die zehn Gebote sind darin. Es fließt also von Gottes Gerechtigkeit weg.

Gottes Gerechtigkeit ist stärker als die Natur, denn sie ist für Israel der Schöpfungsmittler. Was ist unsere Gerechtigkeit? Jesus Christus, sein Kreuz. Auch er hat seine Stärke über die Natur gezeigt, indem das Wasser bei der Sturmstillung vor ihm geflüchtet ist. Wasser steht als Zeichen für Tod, bis hin, daß dann der Tod selbst vor ihm geflüchtet ist, so daß er für mich zu neuem Leben durch den Tod hindurchgehen konnte. Darum geht es.

Hier geht es um die Zeichen der Gerechtigkeit, den Schöpfungsmittler. Das steht vor und deswegen über der Schöpfung, deshalb weicht dieser Fluß, der Tod, so daß sie durchgehen können. So ist es auch mit unserer Gerechtigkeit, Jesus Christus, der den Tod spaltet, damit wir durch ihn dann zu neuem Leben kommen können, zu seinem Reich.

»...sollen diese Steine für Israel ein ewiges Andenken sein.«

Was ist das ewige Andenken für uns? Jesu Kreuz, das Zentrum unseres Glaubens, das Zentrum unserer Herzen — ein ewiges Andenken — Jesus, der den Tod gespalten hat, damit wir durchgehen können. Wir leben von dieser Vergangenheit, die immer noch Kraft besitzt, die uns immer wieder neu Kraft verleiht.

»Da taten die Israeliten, wie ihnen Josua geboten hatte, und trugen zwölf Steine mitten aus dem Jordan, wie der Herr zu Josua gesagt hatte, nach der Zahl der Stämme Israels, und brachten sie mit sich hinüber in das Lager und legten sie dort nieder.«

Mitten unter euch sind diese Zeichen. Das bedeutet, daß Vergangenheit für einen Juden nicht vergangen ist, und deshalb die Vergangenheit für uns Christen nicht vergangen ist. Jesu Kreuz ist gegenwärtig. Dieses Wunder bleibt gegenwärtig für das Volk. Deswegen diese ganze Betonung auf den historischen Gott. Was vergangen ist, ist nicht vergangen, das Kreuz lebt, die Auferstehung lebt, Pfingsten lebt. So leben auch die Wunder im Alten Bund. Sie werden immer wiederholt, jedes Jahr, indem sie immer wieder gelesen, ausgelegt und den Kindern erzählt werden, werden sie ein Teil unserer eigenen Person, weil wir aus der Geschichte leben.

Unser Glaube ist ein lebendiger Glaube, der immer wieder erneuert wird, aber er hat seinen Ursprung in der Vergangenheit.

»Und Josua richtete zwölf Steine auf mitten im Jordan, wo die Füße der Priester gestanden hatten, die die Bundeslade trugen; diese sind noch dort bis auf den heutigen Tag.«

...das bedeutet Kontinuität. Es ist ein Zeichen, das wir sehen sollen, genau wie wir das Kreuz vor unseren Augen haben. Denn bis zum heutigen Tag steht die Kreuzigung Jesu vor unseren Augen, bis jetzt, und sie wird immer vor unseren Augen stehen. Wenn ich Leute besuche, die todkrank oder sehr schwach sind, sage ich zu den Angehörigen, daß sie ein Bild von Jesus, wenn sie wollen den gekreuzigten Jesus oder nur ein einfaches Kreuz, aufstellen sollen, damit die Kranken ihn vor Augen haben. Denn er ist unsere Zukunft, nicht nur unsere Vergangenheit, nicht nur der Gläubigen Gegenwart, er ist allumfassend.

»Die Priester aber, die die Lade trugen, standen mitten im Jordan, bis alles ausgerichtet war, was der Herr dem Josua geboten hatte, dem Volk zu sagen, genau wie Mose dem Josua geboten hatte. Und das Volk ging eilends hinüber. Als nun das Volk ganz hinübergegangen war...« Da ist nochmals eine Wiederholung, nichts wird übriggelassen. Beim Auszug aus Ägypten mußte sogar das Vieh mitgenommen werden. Mose hatte nach der neunten Plage die Gelegenheit, ohne Tiere auszuziehen. Er nimmt die Tiere mit. Die Tiere gehören uns, als Opfer für Gott, aber auch weil wir ihnen Namen geben und damit über ihr Wesen bestimmen sollen.

»Als nun das Volk ganz hinübergegangen war, da ging die Lade des Herrn auch hinüber und die Priester vor dem Volk her.«

Das ist eine richtige Prozession, eine lebendige Prozession. Der lebendige Gott geht hier voran. »...da ging die Lade des Herrn auch hinüber und die Priester vor dem Volk her.«

»Und die Rubeniter und Gaditer und der halbe Stamm Manasse gingen gerüstet vor den Israeliten her, wie Mose zu ihnen geredet hatte.«

Warum bleiben die Rubeniter und Gaditer und der halbe Stamm Manasse vor ihnen, warum sind sie abgetrennt von den anderen Stämmen, wenn sie doch alle gerettet werden sollen? Warum stehen sie dann getrennt da? Wo bleiben die zweieinhalb Stämme? Sie bleiben im Ostteil, der östlich des Jordans liegt.

»An vierzigtausend zum Krieg gerüstete Männer gingen vor dem Herrn her...«

Warum vierzigtausend? Das kommt von vier, und vier Himmelsrichtungen sind allumfassend, für das ganze Volk. Vierzig hat dazu eine andere Bedeutung: vier als allumfassend und vierzig als

Zeichen für Gottes historische Führung. Vierzig ist eine Zahl, die durch die ganze Bibel geht, bis hin zur vierzigtägigen Versuchung Jesu in der Wüste. Es ist eine allumfassende Zahl und eine Zahl der geschichtlichen Führung. Das bedeutet, daß Gott nicht nur jetzt für sie kämpft, sondern daß er immer bei ihnen war. Er ist ein allumfassender Gott, dessen Macht nicht nur auf Israel begrenzt ist, sondern sich auf die ganze Welt erstreckt, wie es später geschrieben steht: alle Völker der Erde werden vor ihm die Knie beugen.

»An vierzigtausend zum Krieg gerüstete Männer gingen vor dem Herrn her zum Kampf ins Jordantal von Jericho. An diesem Tage machte der Herr den Josua groß vor ganz Israel. Und sie fürchteten ihn, wie sie Mose gefürchtet hatten, sein Leben lang.«

Und am Schluß heißt es: »...damit alle Völker auf Erden die Hand des Herrn erkennen, wie mächtig sie ist, und den Herrn, euren Gott, fürchten allezeit.«

Dieses Bild ähnelt dem von Jesus, als er sagte: »Ihr seid das Licht der Welt«; und vorher heißt es in einem anderen Zusammenhang: »Er ist das Licht der Welt.« Genauso ist es hier, wo Josua und Gott gefürchtet sein sollen. Das ist eine Parallele: Wir sind das Licht der Welt, und Gott ist das Licht der Welt. Das bedeutet, daß die Gottesfurcht über Josua geht. Die Israeliten fürchten nicht Josua selbst, sie fürchten Josua, weil aus ihm Gottesfurcht spricht. Sie fürchten Gott in Josua, die Aussagen Gottes durch seine Worte. Was bedeutet es, daß wir das Licht der Welt sind? Wir spiegeln das Licht der Worte Jesu in unserer Person wider, aber wir haben kein Licht in uns. Wir spiegeln nur das Licht in uns. Das Licht aber kommt vom Herrn. Genauso ist es mit der Furcht vor Josua: sie kommt nicht wegen seiner Person, sondern sie kommt, weil er das Wort Gottes ausspricht; es ist die Furcht des Herrn, die so tief geht, daß sie in Josua gespiegelt wird.

Wir sollen uns vor dem Herrn fürchten. Warum? »Die Furcht des Herrn ist der Anfang aller Weisheit.« Warum? Wenn ich mich vor ihm fürchte, dann stelle ich mich unter ihn; ich weiß, daß er die Macht über mich hat, auch um mich zu richten und zu verdammen. Wo hat er seine Macht offenbart? Am Kreuz, in absoluter Liebe. Wir haben das große Geheimnis am Kreuz gesehen, als der allmächtige Herr, der über mich verfügen kann, wie er will, über mich in absoluter Liebe verfügt hat, viel tiefer als ich je über mich selbst verfügen kann. Aber je eigenständiger ich bin, desto verlorener bin ich. Je mehr ich wie ein Kind Gottes bin, wirklich wie ein Kleinkind, ein Säugling Gottes, je tiefer diese Gottesfurcht ist, desto tiefer kann seine Liebe in mich kommen und in mir wirken. Jesu Macht ist Liebe für diejenigen, die in größter Ehrfurcht vor ihm stehen.

»Und sie fürchteten ihn, wie sie Mose gefürchtet hatten, sein Leben lang. Und der Herr sprach zu Josua: Gebiete den Priestern, die die Lade mit dem Gesetz tragen, daß sie aus dem Jordan heraufsteigen. Da gebot Josua den Priestern: Steigt herauf aus dem Jordan! Und als die Priester, die die Lade des Bundes des Herrn trugen, aus dem Jordan heraufstiegen und mit ihren Fußsohlen aufs Trockene traten, kam das Wasser des Jordans wieder an seine Stätte...«

Es ist vollbracht. Das ganze Wunder ist hier zu einem Ende gekommen. Die Natur kann weitergehen, weiterfließen.

So geht der Alltag weiter am Jordan. So geht die Welt anscheinend zurück zum Normalen. Ganz wie nach der Kreuzigung und Auferstehung Jesu. Aber es ging nicht normal weiter, es ist eine ganz andere Welt. Denn viele haben gesehen, daß Jesus auferstanden ist, daß er über den Tod Macht hat. Dieser Sauerteig, wie man biblisch sagt, diese wußten, was da geschehen war, für diese ist es nicht eine Sache, von der man sagen kann, daß sie jetzt vorbei sei, sondern seine Sache, die Neues bringt.

So ist es mit Gottes Weg für Israel. Der Jordan geht zurück, das historische Ereignis ist zu Ende. Aber der Vorgang ging mit, bis das Volk Israel nochmals über die Grenze zurückkehrte am Ende der Tage, in unserer Zeit, und bis Jesus wiederkommt und sein Tausendjähriges Friedensreich aufrichten wird. Die Geschichte geht weiter.

Gott geht weiter seinen Weg mit dem Volk Israel, bis er am Ziel ist. Sein Ziel ist es, Israel zu taufen, denn das tut er, wenn er wiederkommt. Das ist sein Endziel mit Israel. Israel geht einen sehr langen und harten Weg, bis Gott endlich am Ziel mit seinem erstgeliebten Volk ist.

»Es war aber der zehnte Tag des ersten Monats...«

Warum besteht hier die besondere Betonung auf »zehn«, mit was für einer Zahl haben wir es hier zu tun? Die Lade ist durchgegangen. Was ist in der Lade? Die zehn Gebote, Gottes Gerechtigkeit.

»Es war aber der zehnte Tag des ersten Monats, als das Volk aus dem Jordan heraufstieg. Und sie lagerten sich in Gilgal, östlich der Stadt Jericho. Und die zwölf Steine, die sie aus dem Jordan genommen hatten, richtete Josua auf in Gilgal...«

Die zwölf Steine, jetzt Teil eines Heiligtums. Aber sie bleiben nicht nur da, denn Gott bleibt nicht nur statisch an einem Ort. Wo werden diese zwölf Steine hingebracht? Die Priester tragen auf ihrem Ephod (ihre Bekleidung) zwölf Steine als Zeichen der zwölf Stämme Israels. Diese Steine sind »lebendige Steine«, sie sind wie Brot. Man sieht das an den zwölf Schaubroten im Heiligtum, das ist die Entwicklung hin zur Versuchung Satans und der Beziehung zwischen Steinen und Brot.

Die Steine sind lebendige Steine, sind Brot. Man sieht diese Brote im Heiligtum, die zwölf Schaubrote. Wer hat sie gegessen, obwohl er sie nicht nehmen durfte? David hat dies getan, er macht sich zeichenhaft zum Priesterkönig. Dies ist eine Vordeutung auf den, der über die zwölf Stämme bis in den Leib hinein verfügt. Jesus Christus — »du Sohn Davids«, unser Priesterkönig. So beladen mit Bedeutung, so vielschichtig ist dieser Text. Die Steine, diese Steine werden zu Leben, das haben wir im Jordan gesehen. Das sehen wir auch beim Priester-Ephod. Diese Priester sind im alten Bund durch das Los auch Mittler zwischen dem Volk und Gott. Diese Steine werden durch den Grundstein, welcher in Jesus Christus durch sein Kreuz gelegt ist, dann zu lebendigen Steinen. Sein Kreuz bedeutet hier den Tod, der den Tod überwunden und in Leben verwandelt hat.

Gilgal, viel passierte in diesem Ort. Zuerst verbinden wir Gilgal mit dem Richter Samuel und auch mit Elisa. Elisa ist der große Wundertäter im Alten Testament. Die interessanteste Stelle über Gilgal aber ist: Die Engel kommen herunter zu Gilgal (Ri 2), und das Volk versammelte sich und kehrte um von Gilgal, wo diese »lebendigen Steine« sind. Die Engel kommen herunter zu Gilgal. Was hat das für eine Bedeutung, Vordeutung? Die Spalte zwischen Himmel und Erde wird überwunden sein. Sie kommen herunter zu Gilgal, wie bei Jakob, dorthin, wo die Steine sind. Dies ist — wie die Engel zu Bethlehem — eine Vordeutung auf die Inkarnation. Zuerst wird die Entfernung von Himmel und Erde durch Himmelsboten, die Engel, durchbrochen. Dann kommt Gott selbst.

»Und die zwölf Steine, die sie aus dem Jordan genommen hatten, richtete Josua auf in Gilgal und sprach zu Israel: Wenn eure Kinder später einmal ihre Väter fragen...«

Hier erfolgt eine Wiederholung, um die Wichtigkeit auszudrücken, um eine Steigerung des Vorganges zu erreichen.

»Was bedeuten diese Steine? so sollt ihr ihnen kundtun und sagen: Israel ging auf trockenem Boden durch den Jordan.«

Dies ist natürlich eine Vordeutung auf die Taufe. Der Tod wird gespalten, so daß das Volk zum Leben kommen kann. Wir sind unter Wasser in den Tod getauft in Jesu Kreuz, herausgeholt als Zeichenhandlung zum Leben in der Auferstehung. Wir gehen bei der Taufe zeichenhaft durch Jesu Tod, Jesu Kreuz. Israel ging durch den Tod zu neuem Leben im doppelten Sinne. Der Tod ist gespalten; wo gehen sie hin? Ins Heilige Land. Das Heilige Land ist die Vorstufe zum Paradies.

»...so sollt ihr ihnen kundtun und sagen: Israel ging auf trockenem Boden durch den Jordan, als der Herr, euer Gott, den Jordan vor euch austrocknete, bis ihr hinübergegangen ward, wie der Herr, euer Gott, am Schilfmeer getan hatte...«

Hier erscheint nochmals eine Wiederholung. Schilfmeer bedeutet genau das gleiche: durch den Tod zum neuen Leben gehen. Warum diese Verdoppelung und Wunder? Ein Auszug aus dem Tod — aus Ägypten, aus der Sklaverei; ein Einzug in das Leben — nach Israel. Warum? Die Parallele dazu ist Jesu Kreuz, die Überwindung der Sklaverei, ein Auszug aus dem Tod, dem geistlichen Tod und dann mit der Auferstehung ein Einzug in das ewige Leben. Ebenso ist dies eine Vordeutung auf die Taufe.

»...bis ihr hinübergegangen ward, wie der Herr, euer Gott, am Schilfmeer getan hatte, das er vor uns austrocknete, bis wir hindurchgegangen waren, damit alle Völker auf Erden...«

Warum kommt plötzlich die Rede auf »alle Völker auf Erden«? Was soll das mit allen Völkern auf Erden zu tun haben, daß dieses kleine Volk in ihr heiliges Land kommt? Es heißt: »Durch dich werden gesegnet alle Völker auf Erden«, durch Abraham, durch das Volk Israel kommt Jesus Christus und der Segen durch sein Kreuz, denn Kreuz ist ein Durchzug durch den Tod zum neuen Leben in seiner Auferstehung, und nichts anderes als das. Deswegen die Betonung auf alle Völker, nicht daß man in allen Völkern der Welt in Josuas Zeit darüber reden würde, sondern durch Jesu Kreuz, deswegen diese Betonung. Es ist ein Ereignis nicht nur für Israel, sondern ein Ereignis für die ganze Welt. Auch müssen wir uns darüber im klaren sein, daß Auschwitz auch ein Ereignis für die ganze Welt war, denn über Auschwitz wird Jesus Christus zurückkommen. Das ist die Erfüllung von Hesekiel 37. Genau drei Jahre nach der Auflösung der letzten Konzentrationslager ist der Staat Israel gegründet worden (Mai 1945 bis Mai 1948). Das ist das Ereignis unseres Jahrhunderts. Alle die Kriege, alles das ist total unwichtig im Vergleich zu diesem Ereignis. Israel ist in sein Land zurückgekehrt. Das hat Weltbedeutung für alle Völker auf Erden, denn der Messias, Jesus Christus, kommt als Richter und als Retter wieder, um sein Tausendjähriges Reich aufzurichten. Das ist eine Überquerung des Todes, das war Auschwitz, und es war ein fürchterlicher Tod. Man kann sich nichts Schlimmeres ausdenken als das. Die Überquerung dieses schrecklichen Todes zu neuem Leben und messianischer Zukunft im verheißenen Land, das ist ein Ereignis für alle Völker auf Erden. So ist jenes Ereignis mit Josua die Vordeutung für alle Völker auf Erden, daß der, der aus diesem Volk kommen wird, den Tod für uns überqueren wird, damit wir ewiges Leben in ihm haben können.

Die Schande Ägyptens

Zu dieser Zeit sprach der Herr zu Josua: Mache dir steinerne Messer und beschneide die Israeliten wie schon früher. Da machte sich Josua steinerne Messer und beschnitt die Israeliten auf dem Hügel der Vorhäute. Und das ist der Grund, warum Josua sie beschnitten hat: das ganze Volk, das aus Ägypten gezogen war, die Männer, alle Kriegsleute, waren unterwegs in der Wüste gestorben, als sie aus Ägypten zogen. Und das ganze Volk, das auszog, war beschnitten gewesen; aber das ganze Volk, das unterwegs in der Wüste geboren war, als die aus Ägypten zogen, das war nicht beschnitten. Denn die Israeliten wanderten vierzig Jahre in der Wüste, bis es mit dem ganzen Volk, den Kriegsmännern, die aus Ägypten gezogen waren, zu Ende gegangen war, weil sie der Stimme des Herrn nicht gehorcht hatten; wie denn der Herr ihnen geschworen hatte, sie sollten das Land nicht sehen, das der Herr, wie er ihren Vätern geschworen hatte, uns geben wollte, ein Land, darin Milch und Honig fließt. Ihre Söhne, die er an ihrer Statt hatte aufwachsen lassen, beschnitt Josua; denn sie waren noch unbeschnitten und unterwegs nicht beschnitten worden. Und als das ganze Volk beschnitten war, blieben sie an ihrem Ort im Lager, bis sie genesen waren. Und der Herr sprach zu Josua: Heute habe ich die Schande Ägyptens von euch abgewälzt. Und diese Stätte wurde Gilgal genannt bis auf diesen Tag. Und als die Israeliten in Gilgal das Lager aufgeschlagen hatten, hielten sie Passa am vierzehnten Tage des Monats am Abend im Jordantal von Jericho und aßen vom Getreide des Landes am Tag nach dem Passa, nämlich ungesäuertes Brot und gerüstete Körner. An eben diesem Tage hörte das Manna auf, weil sie jetzt vom Getreide des Landes aßen, so daß Israel vom nächsten Tag an kein Manna mehr hatte. Sie aßen schon von der Ernte des Landes Kanaan in diesem Jahr.

Josua 5, 2-12

Vierzig Jahre hat es gedauert, bis »die Schande Ägyptens« vom Volk Israel abgetan war. Was bedeutet diese »Schande Ägyptens«? Nichts anderes als den Tanz um das goldene Kalb, als Mose die Zehn Gebote empfing. Um diese Schande Israels, ihre Götzenanbetung des Götzen Ägyptens, dieses goldenen Kalbes, abzutun, wieder gutzumachen, brauchte es eine Zeitspanne von vierzig Jahren. Selbstverständlich mußte Israel auch deshalb so lange in der Wüste wandern, weil es sich zuerst geweigert hatte, Gottes Verheißung zu folgen und das verheißene Land zu übernehmen — Angst vor der Größe der Einwohner im Lande, Angst vor ihren gemauerten Städten und Kriegsgeräten war die Ursache, daß Gottes Volk nicht bereit war, seine Verheißung anzunehmen. Nur zwei der zwölf Kundschafter, nämlich Kaleb und gerade unser Josua, vertrauten ihrem Herrn und seiner Verheißung, daß dieses Land seinem Volk gehören wird. Warum vertrauten die zehn anderen nicht? Unser Text verdeutlicht sehr stark ihr Versagen. Sie, genauso wie das Volk, waren noch nicht ganz befreit von der Auswirkung der Götzen in Ägypten. Deswegen gehörten sie noch nicht ganz und gar ihrem Herrn. Vierzig Jahre hat es gedauert, bis Gottes Volk von seinem vierhundert Jahre langem Götzendienst in Ägypten befreit war. Gerade diese Zahl 40, welche in der letzten Zeit unter uns so wichtig geworden ist, bleibt als immer wiederkehrende Zahl in der Bibel. Unter anderem dauerte die Sintflut 40 Tage und Nächte, der große König David regierte 40 Jahre, und Jesus wurde vom Satan 40 Tage in der Wüste versucht. Vierzig bedeutet dann für uns, biblisch gesehen, die Zeit eines zentralen Abschnitts, die Zeit der historischen Vollendung.

Aber diese Aussage, daß es wirklich 40 Jahre gedauert hat, bis Israel von seinem Götzendienst in Ägypten gereinigt war, also ein Zehntel der Zeit seiner Gefangenschaft, hat tiefe seelsorgerliche Bedeutung für uns Christen heute. Denn der Tag, an dem wir uns zum wahren Glauben an Jesus Christus entscheiden, kann schnell oder langsam kommen, aber es wird immer einige Zeit dauern, bis unser ehemaliger Götzendienst, die Anbetung von Geld, Materialismus, Lust, Wissenschaft, Ideologien, Bequemlichkeit usw., völlig von uns abgetan wird und an dessen Stelle Jesus Christus als alleiniger Herrscher tritt.

Paulus, der Verfolger der Gemeinde, erlebte zum Beispiel eine kurze, aber sehr tiefe und zeichenhafte Abwaschung seiner Sünde. Er mußte drei Tage lang blind werden, ohne zu essen und zu trinken. Das bedeutet, er mußte in Jesu Kreuz, in totaler Dunkelheit diese drei Tage erleben, unter dem Zeichen der Buße, nichts essen und trinken. Erst dann konnte Ananias die Hände auf ihn legen und Paulus taufen. Es ist wie bei den Israeliten, welche die jüdische Art von Taufe, die Beschneidung, nach sogar 40 Jahren erleben mußten als Zeichen ihrer Zugehörigkeit allein zum Herrn.

Habt ihr euch je Gedanken gemacht über die Macht der Götzen, unserer ehemaligen Götzen über uns, trotz unserer Bekehrung zu Jesus, wie sich diese Götzen immer noch zu Wort melden, auch wenn Jesus unser Herr ist, und wie lange es dauert, bis die Stimmen der Götzen total verstummen?

Ich erlebte so ein deutliches Beispiel in den Sommerferien. Ich muß hinzufügen, daß immer wieder in den Sommerferien, wenn wir wirklich nur Ruhe, Entspannung, aber auch Ruhe zum Herrn suchten, er Menschen zu uns schickte, durch die er uns wichtige, vorbestimmte Begegnungen gab.

Als wir in unserem kleinen Hotel am Gardasee ankamen, war er bereits da. Als ich beim Frühstück die Gäste beobachtete mit dem Gedanken, wer wird der oder die sein, den der Herr dieses Mal zu mir schickt, war mein erster Gedanke über diesen Herrn: »Was für ein fürchterlicher Typ ist das!« Er war etwa mein Jahrgang, schaute aber etwas jünger aus. Er hatte einen sehr auffallenden Bart und eine sehr laute Stimme. Als die Gäste draußen auf dem Gras in der Sonne mit dem so entspannenden Blick auf den stillen See Ruhe suchten, rief er so laut, daß jeder nach ihm schauen mußte, um zu sehen, wer das ist und was er eigentlich vorhat.

Aber nach ein paar Tagen kamen wir ins Gespräch. Ich saß auf dem Steg in der Sonne, und er kam zu mir her: »Ist das nicht Ihr Auto draußen mit dem Aufkleber 'Gott kennen ist Leben'?« »Ja«, sagte ich, etwas verärgert wegen der Ruhestörung. Er fragte: »Sind Sie Pfarrer?« »Ja«, antwortete ich, »ich bin Diener Jesu Christi.« Dann fing er in seiner so offenen, fast amerikanischen Art an, seine Geschichte zu erzählen. »Ich war sechzehn Jahre lang Alkoholiker«, sagte er mir, »und nun genauso lange davon befreit. Ich arbeite jetzt für die »Anonymen Alkoholiker« (AA). Da ich etwas von den AA wußte, von ihrer Mischung von Glaubenssätzen und Psychologie, fragte ich ihn: »Und was ist der erste Satz (eine Art Glaubenssatz) der AA?« Er antwortete, was ich genau wußte: »Wir müssen erkennen, daß wir schwach sind, daß wir uns aus eigener Kraft nicht helfen können, denn nur Gott hat die Macht, uns zu befreien.« Ich sagte ihm: »Das ist das Evangelium Jesu Christi, daß wir alle Sünder sind, daß wir alle zu schwach sind, uns selbst zu befreien von der Macht Satans über uns, in uns, um uns, aber wenn wir unsere Schwachheit ihm bekennen, uns unter sein Kreuz stellen, dann zeigt er seine Macht für uns, gegen das Böse.«

Mein Gegenüber war aber noch nicht ganz befreit von der Macht des Götzen, denn er sagte: »Wir reden von Gott, nicht von Jesus Christus.« Ich sagte zu ihm: »Aber Ihre Befreiung war eine persönliche Befreiung; Sie sind von dieser Alkoholsucht persönlich durch den Herrn befreit worden. Warum weigern Sie sich denn, einen persönlichen Gott anzunehmen, statt einen abstrakten Gott? Jesus Christus ist Mensch geworden, um zu zeigen, daß er für uns persönlich befreit, und Sie reden von einem unpersönlichen Gott. Ist das nicht ein Widerspruch?« Er gab es zu. Im Lauf unseres Gesprächs sagte er: »Jetzt versuche ich, mich selbst zu finden.« Nochmals unterbrach ich ihn: »Wenn Ihr eigenes Ich total unter Alkohol litt, unter der Macht des Bösen und Sie befreit sind durch einen für Sie persönlich befreienden Herrn, warum suchen Sie dann nach sich selbst? Richtiger wäre es, nach Ihrem Befreier zu suchen, ihm auch täglich zu danken.« Er wurde sehr nachdenklich. Dann nach dem Abendessen kam er zu mir mit einem Buch in der Hand, es war sein AA-Buch, welches auch eine tägliche Losung beinhaltet. Er las die Losung für diesen Tag, den unseres Gesprächs. Ihr Inhalt war, daß er nie seinen Befreier vergessen soll, den Herrn, der ihn befreit hat von seiner schrecklichen Sucht. Da schaute er mich sehr nachdenklich an und sagte: »Unser Gespräch heut war kein Zufall. Denn diese Losung und was Sie sagten passen ganz und gar zueinander.«

Diese Begegnung zeigte nicht nur, daß der Herr Jesus Christus seinen Diener zu den Menschen führt, welche er gerade dann bestimmt hat, auch entgegen der gegenseitigen Zuneigung oder Abneigung, sondern sie zeigt in der letzten Tiefe, wie lange es dauern kann, bis wir wirklich dem Herrn gehören. Sein Beharren auf einem abstrakten Gott statt auf Jesus Christus, sein Wunsch, sich selbst zu finden, zeigen, daß die völlige Konsequenz seiner Befreiung von der schrecklichen Alkoholsucht nach sechzehn Jahren ihm noch nicht völlig klar war. Das soll jeden von uns sehr wachsam für die Götzen machen, die immer wieder neu versuchen, uns zu überwältigen.

Aber es soll uns auch aufmerksam machen über die Bedeutung dieser so langen Zeit, vierzig Jahre, bis Gottes eigenes Volk ihm wirklich gehörte, unter anderem auch durch das Zeichen dieser Zugehörigkeit, der Beschneidung. Wie viele Menschen sind auch auf diesem Wanderweg, indem sie eine Ahnung vom Herrn haben, etwas von ihm glauben oder erfahren haben, aber ihm noch nicht wirklich gehören. Ich glaube, daß weitaus die Mehrzahl der Menschen unbewußt auf diesem Wanderweg ist, etwa wie die Emmaus-Jünger, als Jesus mit ihnen ging, die aber nicht wußten, daß es ihr Herr und Heiland war, der mit ihnen ging.

Wie sollen das dann Menschen erkennen können, die behaupten, daß sie gläubig sind, aber keine tiefe persönliche und gemeindliche Verbindung zu ihm haben — denn so verhalten sich die meisten Menschen. Das kann nur geschehen, indem sie wie die Emmaus-Jünger in Frage gestellt werden, etwa durch Leiden, Liebe, Tod. Das kann nur geschehen, indem Jesu Jünger da sind, die bereit sind, diese Menschen unterwegs zu begleiten, auch wenn es ziemlich lang dauert bis man ans Ziel, an ihr Emmaus, kommt. Das ist heute Jesu Ruf an uns. Die Schande der Götzenanbetung wird nur abgetan, wenn diese Menschen lernen, bewußt mit ihrem Befreier (Befreier aus ihrem Ägypten, aus ihrer Gefangenschaft) persönlich zu leben, ganz und gar ihm zu gehören. Wir Jünger Jesu sind da, um täglich zu beten: » Herr, zeige mir deinen Weg — zu wem soll ich gehen, was soll ich tun und sagen...?« Wenn wir als Befreite Jesu Christi täglich so mit der Bitte leben: »Herr Jesus, was kann ich, das soll ich heute für dich tun, wer kann durch deine Hilfe erreicht und weitergeführt werden?«, wenn ich so täglich lebe, dann wird der lebendige Herr Israels, Jesus Christus, uns an der Hand nehmen und weiterführen, wo, wann und zu wem er es haben will. Vertraue auf ihn, denn er ist der befreiende Herr, mein befreiender Herr; vertraue auf ihn, denn er, Jesus Christus, lebt und regiert mitten unter uns, für diejenigen, welche Augen haben zu sehen, Ohren haben zu hören und bereit sind, von ihm täglich geleitet zu werden.

Jerichos Posaunen

Jericho aber war verschlossen und verwahrt vor den Israeliten, so daß niemand heraus- oder hineinkommen konnte. Aber der Herr sprach zu Josua: Sieh, ich habe Jericho samt seinem König und seinen Kriegsleuten in deine Hand gegeben. Laß alle Kriegsmänner rings um die Stadt herumgehen einmal, und tu so sechs Tage lang. Und laß sieben Priester sieben Posaunen tragen vor der Lade her, und am siebenten Tage zieht siebenmal um die Stadt, und laß die Priester die Posaunen blasen. Und wenn man die Posaune bläst und es lange tönt, so soll das ganze Kriegsvolk ein großes Kriegsgeschrei erheben, wenn ihr den Schall der Posaune hört. Dann wird die Stadtmauer einfallen, und das Kriegsvolk soll hinaufsteigen, ein jeder stracks vor sich hin. Da rief Josua, der Sohn Nuns, die Priester und sprach zu ihnen: Bringt die Bundeslade, und sieben Priester sollen sieben Posaunen tragen vor der Lade des Herrn. Zum Volk aber sprach er: Geht hin und zieht um die Stadt; und die Kriegsleute sollen vor der Lade des Herrn hergehen. Als Josua das dem Volk gesagt hatte, trugen die sieben Priester sieben Posaunen vor der Lade des Herrn her und gingen und bliesen die Posaunen, und die Lade des Bundes des Herrn folgte ihnen nach. Und die Kriegsleute gingen vor den Priestern her, die die Posaunen bliesen, und das übrige Volk folgte der Lade nach, und man blies immerfort die Posaunen. Josua aber gebot dem Kriegsvolk und sprach: Ihr sollt kein Kriegsgeschrei erheben noch eure Stimmen hören lassen, noch soll ein Wort aus eurem Munde gehen bis auf den Tag, an dem ich zu euch sage: »Macht ein Kriegsgeschrei!« Dann sollt ihr das Kriegsgeschrei erheben. So ließ er die Lade des Herrn rings um die Stadt ziehen einmal, und sie kamen zurück in das Lager und blieben darin über Nacht. Und Josua machte sich früh am Morgen auf, und die Priester trugen die Lade des Herrn. So trugen die sieben Priester die sieben Posaunen vor der Lade des Herrn her und bliesen immerfort die Posaunen; und die Kriegsleute gingen vor ihnen her, und das übrige Volk folgte der Lade des Herrn, und man blies immerfort die Posaunen. Am zweiten Tage gingen sie auch einmal um die Stadt und kamen zurück ins Lager. So taten sie sechs Tage. Am siebenten Tage aber, als die Morgenröte aufging, machten sie sich früh auf und zogen in derselben Weise siebenmal um die Stadt; nur an diesem Tag zogen sie siebenmal um die Stadt. Und beim siebenten Mal, als die Priester die Posaunen bliesen, sprach Josua zum Volk: Macht ein Kriegsgeschrei! Denn der Herr hat euch die Stadt ge-

geben. Aber diese Stadt und alles, was darin ist, soll dem Bann des Herrn verfallen sein. Nur die Hure Rahab soll am Leben bleiben und alle, die mit ihr im Hause sind; denn sie hat die Boten verborgen, die wir aussandten. Allein hütet euch vor dem Gebannten und laßt euch nicht gelüsten, etwas von dem Gebannten zu nehmen und das Lager Israels in Bann und Unglück zu bringen. Aber alles Silber und Gold samt dem kupfernen und eisernen Gerät soll dem Herrn geheiligt sein, daß es zum Schatz des Herrn komme. Da erhob das Volk ein Kriegsgeschrei, und man blies die Posaunen. Und als das Volk den Hall der Posaunen hörte, erhob es ein großes Kriegsgeschrei. Da fiel die Mauer um, und das Volk stieg zur Stadt hinauf, ein jeder stracks vor sich hin. So eroberten sie die Stadt und vollstreckten den Bann an allem, was in der Stadt war, mit der Schärfe des Schwerts, an Mann und Weib, jung und alt, Rindern, Schafen und Eseln. Aber Josua sprach zu den beiden Männern, die das Land erkundet hatten: Geht in das Haus der Hure und führt die Frau von da heraus mit allem, was sie hat, wie ihr es ihr geschworen habt. Da gingen die Männer, die Kundschafter, hinein und führten Rahab heraus samt ihrem Vater und ihrer Mutter und ihren Brüdern und alles, was sie hatte, und ihr ganzes Geschlecht und brachten sie außerhalb des Lagers Israels unter. Aber die Stadt verbrannten sie mit Feuer und alles, was darin war. Nur das Silber und Gold und die kupfernen und eisernen Geräte taten sie zum Schatz in das Haus des Herrn. Rahab aber, die Hure, samt dem Hause ihres Vaters und alles, was sie hatte, ließ Josua leben. Und sie blieb in Israel wohnen bis auf diesen Tag, weil sie die Boten verborgen hatte, die Josua gesandt hatte, um Jericho auszukundschaften. Zu dieser Zeit ließ Josua schwören: Verflucht vor dem Herrn sei der Mann, der sich aufmacht und diese Stadt Jericho wieder aufbaut! Wenn er ihren Grund legt, das koste ihn seinen erstgeborenen Sohn, und wenn er ihre Tore setzt, das koste ihn seinen jüngsten Sohn! So war der Herr mit Josua, daß man ihn rühmte im ganzen Land.

Josua 6, 1-27

Jericho gilt heute als wahrscheinlich älteste Stadt der Welt. Israel hatte zuerst die Verheißungen des Herrn nicht angenommen, daß er sein Volk in sein Land, hineinführen und dem Volk das ganze Land, sein Land übergeben werde. Zehn der zwölf Kundschafter, die geschickt waren, das Land und seine Bevölkerung zu erspähen, entschieden gegen den Herrn und seine Verheißungen. Sie fanden sehr große und starke Menschen im Lande. Sie sahen vor ihren Augen befestigte Städte, welche sie nicht einnehmen konnten. Die Einwohner des Landes hatten Kriegsmaschinen, Steinschleudern, welchen die Israeliten nicht widerstehen konnten. Außer Josua und Kaleb entschieden die Kundschafter gegen Gottes Verheißung und damit gegen ihr eigenes Heil und ihre Zukunft. Genau so ist es, wenn wir Jesu Kreuz, seinen missionarischen Ruf nicht hören wollen und verstrickt bleiben in der Welt und mit der Welt, mit weltlichen Überlegungen. Der Herr, der Gott Israels, strafte sein Volk, so daß es dann vierzig Jahre in der Wüste wandern mußte, bis diese ganze Generation der Versager starb, außer Josua und Kaleb. Aber durch diese Zeit war das Volk gereinigt, wie das Volk Israel durch fast 2 000 Jahre Knechtschaft unter den Völkern gereinigt wurde, auf daß sie nochmals, zu unserer Zeit, das Heilige Land übernehmen durften. Zu Josuas Zeit war das erste große Hindernis diese uralte, befestigte Stadt Jericho. Zwar gab es zwei Kundschafter, die Jericho erkundet hatten als zwei Zeugen, die zu dem Herrn hielten. Aber der Herr allein gab Jericho in ihre Hände.

Wie sehen wir das, nicht nur das Geschehen, sondern auch diese sich ständig wiederholende Zahl 7? An sieben Tagen zogen sie mit Posaunen um die Stadt, am letzten Tag sogar siebenmal. Sieben ist die Zahl der Schöpfung. Hier zeigt der Schöpfergott seine Macht über alles, was lebt und sich regt, auch seine Macht des Gerichts; denn dieser Stadt wird der Bann auferlegt, und das bedeutet, daß alles, was da lebt und sich regt, zerstört werden muß. Nur Rahab, die zu Israel stand, wurde mit ihrer Familie errettet. Stammte nicht Jesus Christus von dieser Hure Rahab ab? Sonderbar und merkwürdig, aber Jesu Heil ist ein Angebot für die ganze Welt. So wird die ehemalige Hure Maria Magdalena nicht nur von ihm gerettet, sondern sie wird auch zentrale Zeugin seiner Auferstehung, Gottes neuer Welt. So wird Rahab, die Hure, aus ihrer heidnischen, verdorbenen Welt gerettet in eine neue Welt mit Gottes Volk. So ist Jesu Kreuz zu einem Angebot des Heils für alle heidnischen, verdorbenen Völker geworden.

Aber vergessen wir niemals, daß dieser Bann, die Ausrottung, nicht nur Jericho auferlegt wurde, sondern den ganzen Einwohnern im Land. Warum? Weil sie verdorben waren, denn wer nicht für Israel und seinen Herrn war wie Rahab, mußte sterben. Wer heute nicht für Jesus Christus ist, nicht aus seiner Kraft lebt, aus seinen Verheißungen, der wird dem endgültigen Bann übergeben, dem Feuergericht. Wir wollen das niemals verharmlosen! Gerade diese doppelte, unzertrennliche Aussage, Gericht und Gnade, Gericht für die Welt und Gnade für Israel, erinnert uns sehr an das, was am Roten Meer passiert ist: Errettung für Israel und Gericht für die Welt, die weltliche Macht, Ägypten. Dieses Thema, Gericht und Gnade, läuft durch unsere ganze Bibel und ist unzertrennlich. Zu Jesu Zeit fällt das Gericht über das ungläubige Israel, denn damit ist der Weg der Gnade geöffnet für die heidnische Welt durch Mission. Mit Jesu Wiederkunft Gericht für die Welt, für die Welt, welche ohne Jesus Christus täglich lebt, aber Gnade für die entrückte Gemeinde und für Israel, welches dann vollständig getauft wird (Sach 12, 10).

Aber der Mittelpunkt unseres Textes ist die Durchbrechung der so dicken Mauer zu Jericho. Wer hat das eigentlich getan? Der Herr, der Israel in den heiligen Krieg führte, zerbrach die Mauer, aber Israel war dabei mit Posaunen und dem Glauben, daß der Herr für sie kämpfen wird.

Was bedeuten diese Posaunen, die eine so große Rolle in der Bibel spielen? Die ursprünglichen Posaunen Schofar waren aus Widderhörnern gemacht. Als Abraham Isaak opfern sollte, hat der Herr einen Widder an Isaaks Stelle gesetzt. Das ist eine Vordeutung auf Jesu Kreuz. Denn der Herr, der Gott Israels, hat seinen einzigen Sohn für uns geopfert, statt Isaak anzunehmen. Deswegen sind Posaunen von vornherein in Beziehung zu dem an Isaak nicht vollzogenen Opfer, in Beziehung zu Jesu Kreuz zu sehen. Er allein bricht die Mauern unserer weltlichen Wahrnehmung, unseren Glauben nur an das, was wir sehen und begreifen. Wie Jesus Christus die Mauern der heidnischen Welt für Israel zerbrach, so zerbrach er die Mauern von Israel, die Mauern ihres Selbstgenügens in ihrer Erwählung, daß sein Heil zu den Heiden gehen konnte. Wie die Mauern von Jericho für das Volk Israel fielen, als die Posaunen geblasen wurden, so zerriß der Vorhang im Tempel bei der Kreuzigung Jesu, damit es keine Grenze mehr für das Heil des Herrn gibt. Damit wird der Weg geöffnet für den Missionsbefehl an alle Völker durch den gekreuzigten und auferstandenen Christus.

Posaunen haben in der Bibel eigentlich vier Funktionen: das Volk zu versammeln, als Kriegsruf, als Zeichen des Dankes und Lobes und am Ende der Tage, die Wiederkunft des Herrn einzuleiten. So war es auch vor Jericho. Das Volk wurde versammelt. Aber diese Versammlung war nicht ein menschlicher Ruf, sondern ein Ruf Gottes. Mein Volk soll auf mein Wort hören und unter meiner Herrschaft und Verheißung um diese Stadt gehen, bis ich für sie handle. Hier wurden beide Funktionen des Posaunenblasens verbunden: Volksversammlung und Kriegsruf Gottes. Dieser Kriegsruf bedeutet: »Ich gehe voran, ich kämpfe für euch!« Ist das nicht eigentlich Jesu Ruf an uns heute: »Ich kämpfe für euch, ich gehe voran!« Gegen was hat er für uns gekämpft? Gegen Leiden, Tod, Satan und ewigen Tod, gerade wo wir von uns aus nicht weiterkommen konnten, genauso wie damals Israel nicht weiterkommen konnte gegen diese befestigte Stadt ohne ihren Herrn. Aber der Herr kämpft heute für uns gegen die befestigten Städte der Heiden, gegen heidnische Macht und Lustvorstellungen, gegen eine selbstsichere, ummauerte Welt, welche gegen unseren Herrn Jesus Christus ist, ummauert gegen seinen Ruf zum Leben, zum wahren Leben und wahrer Zukunft in ihm. Was hier an Jericho geschehen ist, ist eigentlich auch als Zeichenhandlung für uns Christen heute zu deuten. Israel, Gottes Volk, — und wir sind das neue Israel — kommt nur zum Ziel, wenn es ganz und gar, auch gegen seine Sinne und Vernunft, dem Herrn vertraut und weiß, daß der Herr für es kämpfen wird. Die Posaunen rufen uns wie die Glocken der Kirche zu Versammlungen des Herrn, zum Ort seiner Herrschaft, seiner Führung, ihn zu loben und ihm zu danken. Wenn wir wirklich auf Jesus Christus ganz und gar vertrauen, dann werden die Mauern unseres Zweifels fallen, dann werden die Mauern unserer Selbstgerechtigkeit fallen, dann werden die Mauern unserer Vernunfts- und Wissenschaftsgläubigkeit fallen, und nur allein dann kommen wir zum Ziel. Damals war es die Übernahme seines Landes; heute werden die Mauern der Sünden, des Teufels und des ewigen Todes fallen, wenn wir unter Jesu Herrschaft mit vollem Vertrauen auf ihn vorwärtsgehen wie die Israeliten und wie Rahab und ihre Familie in eine neue Zukunft mit dem Herrn, durch den Herrn und für den Herrn.

Aber Posaunen haben auch eine endzeitliche Bedeutung. In Israel wird zum Neujahrstag, Rosh Haschana, die Posaune, das Widderhorn geblasen als Zeichen des Gerichtes. Denn an Neujahr wird der Herr, der Gott Israels, diejenigen in das Buch des Lebens schreiben, die dieses Jahr durchleben werden. Wer nicht eingeschrieben wird, wird sterben. Dieser Ruf des Widderhorns, der Posaune, ist zugleich ein Ruf zur Erkenntnis des letzten Gerichts.

So wird man diese Posaune hören, wenn Jesus wiederkommt, denn er kommt, um Israel aus seiner letzten Bedrängnis zu erretten (Hes 38 und 39; Sach 12 und 14) und sein erstgeliebtes Volk zu taufen. Wir Christen werden, wie Paulus uns sagt (1. Thess 4), vorher zu ihm entrückt, leiblich, zu seinem Reich. Deswegen ist dieser Ruf der Posaune, dieser endzeitliche Ruf, zugleich wie bei Jericho ein Ruf zum Gericht und zur Gnade, zum Gericht für die, welche gegen Jesus und gegen Israel stehen, und zur Gnade und Verheißung für die Gemeinde Jesu und für das bedrängte Israel.

Jericho ist dann ein sehr lauter Ruf Gottes: Gehören wir der ummauerten heidnischen Welt an, welche sich von Jesus Christus und seinem Heil abgeschlossen hat in ihrer Weltlichkeit, Bequemlichkeit, Selbstsicherheit und Selbstgerechtigkeit? Oder hören wir jetzt diesen sehr lauten Ruf unseres Herrn, daß wir ins Buch des ewigen Lebens geschrieben, durch Christi Blut errettet werden? Und halten wir zu unserem geringsten Bruder, Israel, — wie Rahab tat —, wie Jesus uns ermahnte — geringster Bruder, weil sie noch nicht ihren Herrn und Heiland angenommen haben, weil noch die Binde vor ihren Augen ist, und ihre Jerichomauern nicht durchbrochen — oder bleiben wir in einer bequemen, traditionellen Auffassung über Israel, und damit einer Auffassung über einen Gott, der letzten Endes treulos zu seinen Verheißungen, zu seinem erstgeliebten Volk steht? Diese Posaunen vor Jericho rufen uns jetzt zur Entscheidung für Jesus, aber auch für Israel, denn Jesus ist auch König der Juden.

»Du sollst keine anderen Götter neben mir haben«

Aber die Israeliten vergriffen sich an dem Gebannten; denn Achan, der Sohn Karmis, des Sohnes Sabdis, des Sohnes Serachs, vom Stamm Juda, nahm etwas vom Gebannten. Da entbrannte der Zorn des Herrn über die Israeliten. Und Josua sandte Männer aus von Jericho nach Ai, das bei Bet-Awen liegt östlich von Bethel, und sprach zu ihnen: Geht hinauf und erkundet das Land. Und als sie hinaufgegangen waren und Ai erkundet hatten, kamen sie zu Josua zurück und sprachen zu ihm: Laß nicht das ganze Kriegsvolk hinaufziehen sondern etwa zwei- oder dreitausend Mann sollen hinaufziehen und Ai schlagen, damit nicht das ganze Volk sich dorthin bemühe; denn ihrer sind wenige. So zogen hinauf vom Volk etwa dreitausend Mann; aber sie flohen vor den Männern von Ai. Und die Männer von Ai erschlugen von ihnen etwa sechsunddreißig Mann; sie hatten sie nämlich von dem Tor bis zu den Steinbrüchen gejagt und am Abhang erschlagen. Da verzagte das Herz des Volks und ward zu Wasser. Josua aber zerriß seine Kleider und fiel auf sein Angesicht zur Erde vor der Lade des Herrn bis zum Abend samt den Ältesten Israels, und sie warfen Staub auf ihr Haupt. Und Josua sprach: Ach, Herr Herr, warum hast du dies Volk über den Jordan geführt und gibst uns in die Hände der Amoriter, um uns umzubringen? O daß wir doch jenseits des Jordans geblieben wären! Ach, Herr, was soll ich sagen, nachdem Israel seinen Feinden den Rücken gekehrt hat? Wenn das die Kanaaniter und alle Bewohner des Landes hören, so werden sie uns umringen und unseren Namen ausrotten von der Erde. Was willst du dann für diesen großen Namen tun? Da sprach der Herr zu Josua: Steh auf! Warum liegst du da auf deinem Angesicht? Israel hat sich versündigt, sie haben meinen Bund übertreten, den ich ihnen geboten habe, und haben von dem Gebannten genommen und gestohlen und haben's verheimlicht und zu ihren Geräten gelegt. Darum kann Israel nicht bestehen vor seinen Feinden, sondern sie müssen ihren Feinden den Rücken kehren; denn sie sind dem Bann verfallen. Ich werde hinfort nicht mit euch sein, wenn ihr nicht das Gebannte aus eurer Mitte tilgt. Steh auf, heilige das Volk und sprich: Heiligt euch auf morgen! Denn so spricht der Herr, der Gott Israels: Es ist Gebanntes in deiner Mitte, Israel; darum kannst du nicht bestehen vor deinen Feinden, bis ihr das Gebannte von euch tut. Und morgen früh sollt ihr herzutreten, ein Stamm nach dem andern; und welchen Stamm der Herr treffen wird, der soll herzutreten, ein Geschlecht nach dem andern; und welches Geschlecht der Herr treffen wird, das soll herzutreten, ein Haus nach dem andern; und welches Haus der Herr treffen wird, das soll herzutreten, Mann für Mann. Und wer so mit dem Gebannten angetroffen wird, den soll man mit Feuer verbrennen mit allem, was er hat, weil er den Bund des Herrn übertreten und einen Frevel in Israel begangen hat. Da machte sich Josua früh am Morgen auf und ließ Israel herzutreten, einen Stamm nach dem andern; und es wurde getroffen der Stamm Juda. Und als er die Geschlechter Judas herzutreten ließ, wurde getroffen das Geschlecht der Serachiter. Und als er das Geschlecht der Serachiter herzutreten ließ, wurde Sabdi getroffen. Und als er sein Haus herzutreten ließ, Mann für Mann, wurde getroffen Achan, der Sohn Karmis, des Sohnes Sabdis, des Sohnes Serachs, aus dem Stamm Juda. Und Josua sprach zu Achan: Mein Sohn, gib dem Herrn, dem Gott Israels, die Ehre und bekenne es ihm und sage mir, was du getan hast, und verhehle mir nichts. Da antwortete Achan Josua und sprach: Wahrlich, ich habe mich versündigt an dem Herrn, dem Gott Israels. So habe ich getan: Ich sah unter der Beute einen kostbaren babylonischen Mantel und zweihundert Lot Silber und eine Stange von Gold, fünfzig Lot schwer; danach gelüstete mich, und ich nahm es. Und siehe, es ist verscharrt in der Erde in meinem Zelt und das Silber darunter. Da sandte Josua Boten hin, die liefen zum Zelt; und siehe, es war verscharrt in seinem Zelt und das Silber darunter. Und sie nahmen's aus dem Zelt und brachten's zu Josua und zu allen Israeliten und legten's nieder vor dem Herrn. Da nahmen Josua und ganz Israel mit ihm Achan, den Sohn Serachs, samt dem Silber, dem Mantel und der Stange von Gold, seine Söhne und Töchter, seine Rinder und Esel und Schafe, sein Zelt und alles, was er hatte, und führten sie hinauf ins Tal Achor. Und Josua sprach: Weil du uns betrübt hast, so betrübe dich der Herr an diesem Tage. Und ganz Israel steinigte ihn und verbrannte sie mit Feuer. Und als sie sie gesteinigt hatten, machten sie über ihm einen großen Steinhaufen; der ist geblieben bis auf diesen Tag. So kehrte sich der Herr ab von dem Grimm seines Zorns. Daher nennt man diesen Ort »Tal Achor« bis auf diesen Tag.

Josua 7, 1-26

Heutzutage stehen wir in großer Gefahr, den Herrn, den Gott Israels, Jesus Christus, nicht mehr ernst zu nehmen. Steht er nicht zu uns durch sein Kreuz? Ist er nicht barmherzig und voller Liebe? Bietet er uns nicht nur Trost an? So wird öfters gedacht und sogar gepredigt, und damit machen wir unseren Herrn zu unserem Untertan. Ich kann tun und machen, was ich will, denn der Herr vergibt mir. Ich kann diese oder jene Ideologie oder Politik in seinem Namen propagieren, denn letzten Endes verfüge ich über ihn und nicht er über mich. Ich brauche keine Angst vor dem Endgericht zu haben, denn ich bin schließlich getauft, und alle werden auferstehen, nicht wahr? Diese Art und Weise, mit dem Herrn, dem Gott Israels, umzugehen, ist nicht nur heutzutage sehr verbreitet im verflachten, »humanen«, christlichen Abendland, sondern diese Gefahr war schon immer vorhanden, auch im Alten Bund. Ein Verstoß gegen das erste und zweite Gebot nach Mose. »Du sollst keine andern Götter neben mir haben« bedeutet nicht nur wie in unserer Geschichte Gold und Silber, sondern auch Humanität, ein sogenanntes menschliches Denken, welches heute zu unserem Text sagen würde: »Aber der Herr ist zu streng, nicht gerecht.« Dazu das zweite Gebot nach Mose, in dem es heißt, daß wir uns kein Bildnis noch Gleichnis vom Herrn machen sollen. Das bedeutet, daß wir niemals über ihn mit unseren Wünschen verfügen dürfen wie hier Achan mit unserer Gier oder heute modern, mit unserem menschlichen Denken. Der Herr ist und bleibt der Herr, und er will Gehorsam von uns, nicht unsere Wünsche und unsere Wege, sondern, daß wir seine Wünsche und Befehle befolgen, auch wenn wir uns wie Achan etwas Besseres für uns selbst ausdenken können.

Warum sollen wir so gehorsam bleiben? Weil der Herr viel besser weiß, was für uns gut und richtig ist, als wir es selbst wissen können. Weshalb wissen wir das? Weil er uns das Leben geschenkt hat, weil er, Jesus Christus, der Gott Israels, die Liebe selbst, die Grundnahrung für ein wahres, geistliches Leben ist, und weil er, Jesus Christus, unsere Sünden durch sein Kreuzesblut vergibt. Weil er Leiden und ewigen Tod in eine Zukunft in seinem Reich verwandelt hat für die, die ihm gehorchen. Wer gegen Gottes Willen, gegen seine Gerechtigkeit hadern will im Namen von Menschlichkeit, von Egoismus, von diesem oder jenem Götzen und dieser oder jener Ideologie, der bleibt die Antwort schuldig auf Leben, auf Liebe, auf Sinn in Leiden und Tod und auch auf Schuldvergebung.

Dazu: Der Egoismus einer Person, ihr Denken an sich selbst, ihre Eigenwilligkeit kann eine ganze Familie, und wir sind die neue Familie Gottes, verderben, wie hier das Volk Israel. Wieso? Weil

Jesus unser Haupt ist, und wir sind die Glieder, das alles gehört zusammen. Unsere Unreinheit befleckt die ganze Familie, das ganze Volk, die ganze Gemeinde. Bedenken wir nur, wie wir aus unserem privaten Wunschdenken Unrecht überdecken, weil es uns oder unsere Familie angeht. Wie viele von uns hoffen tief im Herzen zum Beispiel bei der Wahl des Ehepartners: Mein Mann oder meine Frau ist nicht gläubig, aber trotzdem wird der Herr barmherzig sein. Das ist gutes, menschliches Denken, aber nicht biblische, göttliche Wahrheit. Wie oft wird die Klarheit der Botschaft durch Zusätze hier und da sehr unklar gemacht wegen solchem privaten Wunschdenken, einem allzumenschlichen Wunschdenken von Pfarrer und/oder Gemeinde. Aber der Herr wird das alles ans Licht bringen, spätestens — und dann ist es zu spät — im Endgericht. So ging es dem Hohepriester Eli, der aus guter, väterlicher Liebe und aus Nachsicht für seine Söhne Hofni und Pinehas, beide Priester, gegen Gottes Ordnung erlaubte, daß die beiden etwas, das Gott gehörte, für sich selbst nahmen und sich damit an Gottes Stelle setzten. Und was passierte? Nicht nur seine Söhne wurden gerichtet, sondern auch er.

Diese Tatsachen sollen uns aber nicht zu einer gesetzlichen Denkweise führen. So ging es zu Calvins Zeit, als Diener der Kirche sogar angewiesen waren, abends nachzusehen, wer in welchem Bett schlief. Gott behüte uns vor solcher selbstgerechten Gesetzlichkeit. Nein, unser Text soll uns zum Evangelium führen, dem Evangelium der Sünder, der Schwachen und Verlorenen. Er soll uns zu Umkehr und Buße rufen, nicht nur um unserer selbst willen, sondern um der Gemeinde willen. Er soll uns alle zur Selbsterkenntnis führen, wie viel wir Privates tun wie Achan gegen das, was Gott von uns haben will. Er ruft uns persönlich ins Gericht, jetzt durch sein Wort und ruft uns zur Buße, zur Umkehr, aber nicht zum selbstmächtigen Glaubenswächter über unseren Nächsten. Denn nach Jesus Christus gibt es keine gerechten Menschen mehr, sondern nur verlorene, wie es die Bergpredigt uns zeigt, Ehebrecher und Mörder im Herzen. Aber der einzige Gerechte, unser wahrer Kriegsführer gegen Sünde, Teufel und Tod, der das Land der Zukunft, sein Reich, durch seinen Sieg am Kreuz für uns erworben hat, nämlich Jesus Christus, ruft jeden von uns jetzt zum Gehorsam und zur Buße durch sein Wort. Er richtet allein, nicht mehr durch das Volk, denn er allein ist der Gerechte.

Aber diese Geschichte geht gerade unsere Kirche sehr stark an, denn wenn das Evangelium nicht klar und deutlich verkündigt wird, dann kann die Gemeinde nicht zum wahren Leben in Jesus Christus kommen, denn unser wahrer verborgener Schatz ist Jesus Christus, das Wort Gottes. Dann werden alle miteinander verderben, wie hier das Volk in seiner Schlacht, und zwar gegen Gottes Verheißung, denn der Gott Israels will sein Volk in sein Heiliges Land bringen. So will Jesus Christus, daß jeder errettet wird, daß wir sein heiliges Reich ererben werden.

Unser Text ist eine Mahnung an jeden von uns, der Verantwortung für unsere Kirche, für unser Volk, auch für unsere Person ernst nimmt. Der Bann Gottes war eine öffentliche Verordnung. Gott verlangt das vom ganzen Volk, denn was zum Volk gehört, ob Tiere oder Gegenstände, wurde mitverdorben mit der Gottlosigkeit dieses Volkes — denken wir hier an Noahs Zeit, an Sodom und Gomorra, an die zehn Plagen. (Interessant ist auch dieser babylonische Mantel in unserer Geschichte, denn Israel wird später wegen seines Ungehorsams nach Babel in neue Knechtschaft geschickt.) Können wir denn als Gemeinde weiterhin bestehen, wenn Gottes Wort nicht klar und unverfälscht gepredigt wird? Wir leben von Brot und nicht von Steinen. Wer Gottes Wort für sich, in seinem Sinne beschlagnahmen will, der tut nichts anderes als das, was Achan damals tat, um das Volk zu verderben. Nur hat Achan dies im Verborgenen getan, während dies heute in aller Öffentlichkeit geschieht, denn wir leben jetzt in der Endzeit.

Glaubt ihr, daß unser biblischer Gott nicht grimmig und zornig ist gegen die Verflachung in der Welt, auch in seiner Kirche? Wißt ihr nicht, daß er die Welt richten wird, auch das, was zur Welt geworden ist in seiner Kirche? Wißt ihr nicht, daß er alles ans Licht bringen wird, was wir versuchen, im Verborgenen zu halten vor der Gemeinde und vor ihm? Wie David sagt: »Nur an dir allein habe ich gesündigt.« Aber Jesus Christus antwortet auf unsere Sünden mit Gnade, mit Liebe, mit Selbsthingabe. Er weiß, wie es mit uns steht, aber zugleich richtet er, hier Achan, und dann am Ende der Tage die Welt, die, welche für Gold und Silber lebten, für ihre Ideologien und ihre Botschaften. Deswegen ruft er uns jetzt weg von der Art zu denken »Ich habe es nicht gewußt«. Er sagt: »Ich werde alles ans Licht bringen im Gericht, wenn es zu spät ist, deswegen soll durch die Kraft meines Wortes alles, was dunkel und verborgen ist in euch, jetzt ans Licht kommen, damit das Heil Wirklichkeit werden kann.« Einer wurde hier gerichtet wegen seiner Schuld, damit das Volk Heil erlangen konnte. Aber einer, Jesus Christus, der einzige Unschuldige, ist für uns als Volk, als Christen, gerichtet, damit wir Heil haben in ihm und durchs Gericht gehen können. Er wartet jetzt auf das Ausgraben solcher verborgenen Schätze, eurer verborgenen Wege, aber dann geht er für die Bußfertigen an unserer Stelle in den Tod, wie die Hohenpriester weissagten: »Einer muß sterben für das Volk.«

Er starb, damit wir in ihm den verborgenen Schatz, wie es im Neuen Testament steht, den begrabenen Schatz erlangen können. Er starb, damit wir, wenn wir die wahre, kostbare Perle finden, wie es im Neuen Testament steht, das Ganze, alles, haben. Jesus Christus ist unser Schöpfer, er hat uns das Leben gegeben. Jesus Christus hat uns sein Leben gegeben, ganz und gar am Kreuz, damit wir, wenn wir wirklich mit ihm leben, auch das zukünftige Leben, seine Auferstehung miterleben werden in seinem Reich. Deswegen ist Jesus so verlangend nach uns, so eifernd, uns zu gewinnen. Denn er weiß, daß wir ohne ihn jetzt nur im Tod sind, ohne wahre Zukunft. Weil er uns in seinem Bilde zu sich hin geschaffen hat, weiß er, wie ganz und gar wir ihn nötig haben. Deswegen war er im alten Bund so eifernd um sein Volk und so zornig, wenn das Volk, auch nur ein Teil des Volkes, ihm nicht gehorchte. Deshalb ist er so eifernd um uns, um jeden von uns im neuen Bund. »Einer muß sterben für das Volk« — und Jesus starb den Tod, den ewigen Tod, damit jeder, der jetzt durch sein Wort gerichtet, getötet ist, aufgerichtet wird wie damals das Volk Israel zum neuen Leben in ihm. Gelobt sei er, mein Heil, mein Befreier, mein Weg und meine Wahrheit, Jesus Christus!

»Fürchte dich nicht«

Und der Herr sprach zu Josua: Fürchte dich nicht und verzage nicht! Nimm mit dir das ganze Kriegsvolk und mache dich auf und zieh hinauf nach Ai! Sieh, ich habe den König und Ai samt seinem Volk in seiner Stadt und seinem Land in deine Hände gegeben. Und du sollst mit Ai und seinem König tun, wie du mit Jericho und seinem König getan hast, nur daß ihr die Beute und das Vieh unter euch teilen sollt. Lege einen Hinterhalt hinter die Stadt! Da machte sich Josua auf und das ganze Kriegsvolk, um nach Ai hinaufzuziehen. Und Josua erwählte dreißigtausend streitbare Männer und sandte sie aus bei Nacht und gebot ihnen: Seht zu, ihr sollt der Hinterhalt sein hinter der Stadt. Entfernt euch aber nicht allzu weit von der Stadt und seid allesamt bereit! Ich aber und das ganze Kriegsvolk, das bei mir ist, wollen nahe an die Stadt heranrücken. Und wenn sie ausziehen uns entgegen wie das erste Mal, so wollen wir vor ihnen fliehen, damit sie uns nachjagen, bis wir sie von der Stadt weglocken. Denn sie werden denken, wir fliehen vor ihnen wie das erste Mal. Und wenn wir vor ihnen fliehen, sollt ihr hervorbrechen aus dem Hinterhalt und die Stadt einnehmen; denn der Herr, euer Gott, wird sie in eure Hände geben. Wenn ihr aber die Stadt eingenommen habt, so steckt sie mit Feuer an und tut nach dem Wort des Herrn. Siehe, ich hab's euch geboten. So sandte sie Josua hin. Und sie zogen in den Hinterhalt und lagerten sich zwischen Bethel und Ai, westlich von Ai. Josua aber blieb die Nacht unter dem Volk und machte sich früh am Morgen auf und ordnete das Volk und zog hinauf mit den Ältesten Israels vor dem Volk her nach Ai. Und das ganze Kriegsvolk, das bei ihm war, zog hinauf, und sie kamen nahe vor die Stadt und lagerten sich nördlich von Ai, so daß nur ein Tal war zwischen ihnen und Ai. Er hatte aber etwa fünftausend Mann genommen und in den Hinterhalt gelegt zwischen Bethel und Ai westlich von der Stadt. Und sie stellten das Volk des ganzen Lagers, das nördlich vor der Stadt war, so auf, daß sein Ende reichte bis westlich von der Stadt. Und Josua zog hin in dieser Nacht mitten in das Tal. Als aber der König von Ai das sah, machten die Männer der Stadt sich eilends früh auf und zogen aus an einen bestimmten Ort nach dem Jordantal zu, um Israel zum Kampf zu begegnen, er mit seinem ganzen Kriegsvolk. Denn er wußte nicht, daß ihm ein Hinterhalt gelegt war auf der andern Seite der Stadt. Josua aber und ganz Israel stellten sich, als würden sie vor ihnen geschlagen, und flohen auf dem Wege zur Wüste. Da wurde das ganze Volk in der Stadt zusammengerufen, um ihnen nachzujagen. Und sie jagten Josua nach und wurden von der Stadt weggelockt, so daß nicht ein Mann in Ai und Bethel zurückblieb, der nicht ausgezogen wäre, um Israel nachzujagen, und ließen die Stadt offen stehen und jagten Israel nach. Da sprach der Herr zu Josua: Strecke die Lanze in deiner Hand aus auf Ai zu; denn ich will es in deine Hand geben. Und als Josua die Lanze in seiner Hand gegen die Stadt ausstreckte, da brach der Hinterhalt eilends auf aus seinem Versteck, und sie liefen, nachdem er seine Hand ausgestreckt hatte, und kamen in die Stadt und nahmen sie ein und eilten und steckten sie mit Feuer an. Und die Männer von Ai wandten sich um und sahen hinter sich und sahen den Rauch der Stadt aufsteigen gen Himmel und vermochten nicht zu fliehen, weder hierhin noch dorthin. Denn das Volk, das zur Wüste floh, kehrte um gegen die, die ihnen nachjagten. Und als Josua und ganz Israel sahen, daß der Hinterhalt die Stadt eingenommen hatte, weil von der Stadt Rauch aufstieg, kehrten sie um und schlugen die Männer von Ai. Und die in der Stadt kamen auch heraus ihnen entgegen, und die Männer von Ai gerieten mitten unter Israel, von hierher und von dorther. Und sie erschlugen sie, bis niemand mehr von ihnen übrigblieb noch entrinnen konnte, und ergriffen den König von Ai lebendig und brachten ihn zu Josua. Und als Israel alle Einwohner von Ai getötet hatte auf dem Felde und in der Wüste, wohin sie ihnen nachgejagt waren, und alle durch die Schärfe des Schwerts gefallen und umgekommen waren, da kehrte sich ganz Israel gegen Ai und schlug es mit der Schärfe des Schwerts. Und alle, die an diesem Tage fielen, Männer und Frauen, waren zwölftausend, alle Leute von Ai. Josua aber zog nicht eher seine Hand zurück, mit der er die Lanze ausgestreckt hatte, bis der Bann vollstreckt war an allen Einwohnern von Ai. Nur das Vieh und die Beute der Stadt teilte Israel unter sich nach dem Wort des Herrn, das er Josua geboten hatte. Und Josua brannte Ai nieder und machte es zu einem Schutthaufen für immer, der noch heute daliegt, und ließ den König von Ai an einen Baum hängen bis zum Abend. Als aber die Sonne untergegangen war, gebot er, daß man seinen Leichnam vom Baum nehmen sollte, und sie warfen ihn unter das Stadttor und machten einen großen Steinhaufen über ihm, der bis auf diesen Tag da ist. Damals baute Josua dem Herrn, dem Gott Israels, einen Altar auf dem Berge Ebal, wie Mose, der Knecht des Herrn, den Israeliten geboten hatte, wie geschrieben steht im Gesetzbuch des Mose: einen Altar von unversehrten Steinen, die mit keinem Eisen behauen waren. Und sie opferten dem Herrn darauf Brandopfer und brachten Dankopfer dar, und er schrieb dort auf die Steine eine Abschrift des Gesetzes, das Mose *vor den Augen der Israeliten geschrieben hatte. Und ganz Israel stand mit seinen Ältesten und Amtleuten und Richtern zu beiden Seiten der Lade gegenüber den Priestern aus dem Stamm Levi, die die Lade des Bundes des Herrn trugen, die Fremdlinge sowohl als auch die Einheimischen, die eine Hälfte zum Berge Garizim hin und die andere Hälfte zum Berge Ebal hin, wie Mose, der Knecht des Herrn, vormals geboten hatte, das Volk Israel zu segnen. Danach ließ er ausrufen alle Worte des Gesetzes, den Segen und den Fluch, ganz wie es geschrieben steht im Gesetzbuch. Es war kein Wort, das Mose geboten hatte, das Josua nicht hätte ausrufen lassen vor der ganzen Gemeinde Israel und vor den Frauen und Kindern und Fremdlingen, die mit ihnen zogen.*

Josua 8, 1-35

»Und der Herr sprach zu Josua: Fürchte dich nicht und verzage nicht!«

Warum »fürchte dich nicht«? In dem Moment, wenn man in direktem Kontakt mit Gott oder seinen Boten ist, bekommt man Angst. Gerade dieser Satz zeigt, daß Gott mit Israel ist. Immer wenn Gott oder ein Engel des Herrn seine Vermittler trifft, tritt Furcht auf. Hier ist wirklich Furcht vorhanden. Fürchte dich nicht — Gott meint: Fürchte dich nicht vor deinen Gegnern — aber daß gerade diese Art von Satz ständig durch die Bibel geht, bezeugt die Nähe Gottes und damit, daß kein Grund vorhanden sein muß, Furcht zu haben. Denn wenn Gott nahe ist, dann kämpft und führt er.

»Fürchte dich nicht«, es gibt eine lange Reihe von solchen Stellen, von den Propheten bis Maria usw. »Fürchte dich nicht und verzage nicht! Nimm mit dir das ganze Kriegsvolk...«

In der vorangegangenen Schlacht um Ai dachte Josua, daß es eine Kleinigkeit wäre, daß er nur einen Teil seiner Männer einsetzen müsse — diese gingen zugrunde, denn sie waren übermütig, sie dachten, es wäre nicht nötig, ganzen Einsatz zu leisten. Aber jetzt ist es klar, sie gehen mit ganzem Einsatz. Es gibt nichts, was wir als Christen tun, was wir geben sollen, ohne den ganzen Einsatz zu bringen.

So muß es in unserem Dienst mit dem Herrn sein. Wir sollen nie etwas Halbes geben, wir sollen immer das Ganze geben. Deswegen das ganze Volk hier. Auch bei der Erwählung von Israel ist das ganze Volk angesprochen. In seinem Glaubensbekenntnis geht es um das ganze Volk: »Höre, o Israel, der Herr ist unser Gott, der Herr ist einer.« Israel wird als ganzes errettet, wenn Jesus wiederkommt.

»...mache dich auf und zieh hinauf nach Ai!«

Natürlich hat Josua auch Angst, denn dort wurden sie letztes Mal besiegt: ein schwerer Gegner, ein Gegner, den man leicht eingeschätzt hat und der jetzt schwer zu besiegen ist. Man denkt, daß sich die einmal verlorene Schlacht vielleicht wiederholen könnte. So ist es bei uns Menschen. Ich erlebe das in ganz anderer Art; wenn ich mich irgendwo einmal mit dem Auto verfahren habe, dann bin ich sicher, daß es auch ein zweites Mal passiert. Jeder hat seine Punkte, bei denen er denkt, hier geht es schief. Josua hatte guten Grund, hier so zu denken.

»Sieh, ich habe den König von Ai samt seinem Volk in seiner Stadt und seinem Land in deine Hände gegeben.« Ich tue das, Gott bürgt dafür.

»Und du sollst mit Ai und seinem König tun, wie du mit Jericho und seinem König getan hast, nur daß ihr die Beute und das Vieh unter euch teilen sollt«.

Wißt ihr, was hier passiert ist? Aus Brandopfer wird Brandopfer und Gemeinschaftsopfer. Brandopfer bedeutet, daß alles Gott gehört, alles wird ihm gegeben. Das ganze Tier als Stellvertreter für mich, für das ganze Volk, denn es gehört Gott. Gemeinschaftsopfer bedeutet anzunehmen, was der Herr uns in seiner Gemeinschaft gegeben hat, man teilt diese Tiere. Hier ist eine sehr interessante Sache. Erst die Erkenntnis der Vollmacht Gottes, die Zerstörung dessen, was er geschaffen hat. Das bedeutet Jericho, alles gehört dazu. Aber jetzt wird eine Gemeinschaft mit Gott gegründet, über Gottes Sieg, mit der Auswirkung, daß die Israeliten jetzt die Tiere behalten dürfen. Es bedeutet, daß hier eine Gemeinschaft ist. Gott zeigt seine Herrschaft, aber Israel darf auch etwas davon behalten. Dies hat mit den zwei zentralen Formen des Opfers zu tun, dem Brandopfer und dem Gemeinschaftsopfer. Sehr bedeutsam an dieser Sache ist, daß Israel in diese Gemeinschaft hineindarf, es geht nicht nur darum, Gott anzuerkennen als den Allmächtigen, dem alles gehört (Brandopfer), wie auch beim Erntedankfest. Hier wird Israel in diese Gemeinschaft miteinbezogen. Wir sehen dieses Bild dann später am Ende wieder mit den ganzen Kindern Israel und den Fremdlingen und allem, was dazu gehört. Sie gehören Gott, und sie sind im Bund mit Gott. Deswegen wird die Gemeinschaft in dieser Art hier bestätigt. Das geschieht nicht nur um Gottes Herrschaft anzuerkennen, sondern auch um Israel einzubeziehen.

Die Sache, einen Hinterhalt zu legen, klingt sehr klug und sehr schlau. Dieses Bild habe ich ständig im Kopf. Wenn die Leute ausrücken, rücken sie weg von ihrer Sicherheit, von ihren Mauern, innerhalb derer sie sicher wohnen. Sie rücken weg von ihrer Lebensart, von dem was sie gewohnt sind, von ihrer Absicherung. Sie kommen heraus gegen Gottes Volk, dann rückt hinter ihnen der Tod hinein, das sind die 5 000, die hineinrücken. So sind sie zwischen Tod und Tod und haben keinen Rückweg. Wißt ihr, was das ist? Es ist das gleiche Bild wie damals, als Israel vor dem Roten Meer stand, Tod vor sich und Tod hinter sich. Was ich in diesem Bild auch sehe, ist das Bild der Menschen, die nicht gläubig sind. Sie müssen aus ihrer Sicherheit herausgelockt werden, aus ihren festen Orten, aus ihrer Bequemlichkeit. Sie müssen zu der Erkenntnis herausgelockt werden, daß sie keine bleibende Stadt hier haben, keine festen Mauern, daß dies alles Tod bedeutet: unser Leben, unsere Bequemlichkeit, unsere Sicherheit. Sie müssen Tod vor sich und Tod hinter sich sehen wie Israel vor dem Roten Meer, nur dann können sie gerettet werden. Das ist der Weg der Mission, der wahren Mission, und der Weg der wahren Predigt. Das bedeutet, daß zuerst die Selbstsicherheit, die Bequemlichkeit, die Lebenseinstellung hinter unseren Mauern abgebrochen werden muß. Dann hat man gar nichts, um sich zu schützen. Es gibt keinen Schutz mehr. Man sieht plötzlich nackt und klar: Ich gehe den Weg des Todes, und alle meine Wege und alles was ich tue, ist in Wirklichkeit nur ein Marsch in den Tod. So ist das Leben ohne Gott, ohne Christus. Wenn man sie dieser Mauern, ihrer festen Stätte, ihrer Selbstsicherheit beraubt hat — das ist es, was ein Prediger tut, er zerstört das. Das ist, was eine wahre Bibelstunde ausmacht und was ein wahrer Missionar tut: er zerstört das, was Freud den Widerstandsmechanismus nennt (natürlich ist die Psychologie längt selbst zu einem der schlimmsten Widerstandsmechanismen geworden). Es bedeutet, daß man etwas verdrängen will, nämlich die Wirklichkeit, den Tod, die Tatsache, daß wir ohne Christus alle für den Tod leben.

Wir müssen diese Leute herauslocken aus ihrer Festung, aus ihrem sicheren Ort und sie mit ihrem Herrn konfrontieren. Es ist eine wunderbare Sache, wenn Menschen zum Glauben kommen. Nur der Tod schafft dies; viele sind durch den Tod zum Glauben gekommen. Der Tod ist der größte Verkündiger.

Das ist unser Auftrag, unser missionarischer Auftrag, Menschen vor Augen zu malen, wie es wirklich mit ihnen steht, daß ihre Mauern keine festen Mauern sind. Sie werden wie die Mauern von Jericho und Ai fallen. Unsere Selbstsicherheit, unser Leben für unseren Beruf, unsere Bequemlichkeit, unsere Familie und was uns sonst alles wichtig ist, das ist alles dem Tod geweiht, gibt scheinbare Sicherheit. Wenn sie dann mit dem Tod konfrontiert sind, erst dann gibt es einen Weg heraus, wie bei den Israeliten. Diese sahen Tod vor sich, Tod hinter sich — das ist der einzige Weg dazu. Deswegen dieses zentrale Bild in diesem Text, dieser Hinterhalt, herausgelockt aus ihrer Sicherheit. Dies kann nie aktueller sein als heute, nicht wahr? Wir selbst sind nur deshalb zum Glauben gekommen, weil unsere Mauern sanken. Das ist es, was »neugeboren« bedeutet, wir müssen mit Christus sterben. Sie sahen den Tod vor sich und hinter sich wie Israel. Aber sie lebten nicht mit dem lebendigen Gott, und deswegen gingen sie in den Tod. Das ist der Weg, der Weg der Verunsicherung. So ging es den Emmausjüngern. Sie müssen zuerst verunsichert sein über ihr Selbstverständnis, und das ist, daß Jesus tot ist, und daß alles hin ist. Sie waren verunsichert durch Gerüchte — er ist auferstanden, die Frauen haben ihn gesehen, Engel hat man gesehen usw. — Sie waren einfach verunsichert. Ihr fester, sicherer Standpunkt war in Frage gestellt. Aber das ist nur der halbe Weg, sie müssen den richtigen Weg finden, nicht von irgendeiner Ideologie oder irgendeiner Politik zu erwarten, daß uns das retten wird, irgendeine Partei oder so etwas. Dann muß gezeigt werden, Jesus Christus ist Herr über Leben und Tod.

»...sollt ihr hervorbrechen aus dem Hinterhalt und die Stadt einnehmen; denn der Herr, euer Gott, wird sie in eure Hände geben. Wenn ihr aber die Stadt eingenommen habt, so steckt sie mit Feuer an...«

Was für ein Bild entsteht mit »Feuer«? Sicher, man zündet hier ein Feuer an, aber es bedeutet auch das letzte Gericht. Es ist das letzte Gericht über diese Heiden. Sie sind verloren, sie sind dem ewigen Tod geweiht. Es ist kein Zufall, daß Jesus dieses Bild des

Feuers übernommen hat, wenn er über Verdammnis redet, und hier ist nur eine Vordeutung.

Was ist die Rolle von Bethel? Denken wir hier einmal an Vers 9, in dem Bethel genannt wird. Was passiert vorher zu Bethel? Jakob schlief auf dem Stein ein, die Engel treten als Vermittler zwischen Himmel und Erde auf, und sie bringen ihm die Verheißung Gottes. Hier ist Bethel sehr wichtig, auch das Tal, welches dann später zwischen Goliath und David sein wird, von welchem dann in Psalm 23 als dunkles Tal gesprochen wird. Aber Bethel bedeutet auch:

Der Herr ist es, der für Israel kämpft. Der Herr ist wie die Engel oben, aber er kommt herunter, und er kämpft. Alle diese Ortsbezeichnungen können eine tiefe Bedeutung haben.

Immer wieder liegt die Betonung auf ganz Israel, zum Beispiel in Vers 15:

»Josua aber und ganz Israel stellten sich, als würden sie von ihnen geschlagen, und flohen auf dem Wege zur Wüste.«

Was bedeutet Wüste in der Bibel? Wüste ist ein immer wiederkehrendes Bild in der Bibel für Versuchung und Heil. Denkt einmal an die vierzigjährige Brautzeit Israels in der Wüste. Eine Zeit der Versuchung — ständig murrten sie gegen Gott und Mose — aber es ist die Brautzeit, wie die Propheten das sagen, die Zeit, in der Gott den Israeliten am nächsten ist. Sie sind am engsten mit ihm verbunden, weil sie ganz abhängig von Gott sind, in bezug auf Nahrung, Wegrichtung, in allem. Dieses Bild zeigt Versuchung und Heil, die Begegnung von David und Saul in der Steinwüste, als David in die Versuchung kommt, Saul umzubringen, und er es nicht tut, auch wenn er anscheinend ein gutes Recht dazu hatte. Aber er weiß auch, daß Saul der Gesalbte Gottes ist, den er nicht töten will, auch wenn er vielleicht ein Recht dazu gehabt hätte, denn Saul war ungerecht gegen ihn gewesen. David will nicht durch Gewalt König werden, denn dann kann er sein Königtum auch durch Gewalt verlieren. Er verschont Saul, statt dessen nimmt er nur ein Stück von seinem Mantel. Der Mantel ist hier das Kleid des Königs, das Kleid der Erwählung. Er nimmt nur ein Stück davon, seinen Anteil, den er dann Saul zeigt. Die Verschonung Sauls durch David bringt Heil. Wo kommt dieses Bild der Wüste — Versuchung und Heil — zu seinem Gipfel, zu seinem Telos in der Bibel? Im

Neuen Testament, wie es mit allem ist. Die Versuchung in der Wüste. Jesus ging in die Wüste, er wurde dort vierzig Tage und Nächte versucht, was dann zum Heil führte. Er hat die drei zentralen Versuchungen Satans für uns abgewertet. Das ist ein immer wiederkehrendes Bild. Hier geht Josua in die Wüste, den Ort des Heils und den Ort der Versuchung. Wer wird am Jom Kippur in die Wüste geschickt? Der Sündenbock, nicht wahr? Er trägt zeichenhaft die Schuld des Volkes, auf diese Weise wird Heil geschehen. Wüste — wo ist Jesus getauft? Im Jordan; dieser fließt durch die Wüste. So geht es durch die ganze Bibel. Der Ort in der Bibel, wo die Dämonen wohnen, ist die Wüste, aber gleichzeitig auch der Ort, an dem die Dämonen überwunden werden können, wo Heil entstehen kann. Ort der Versuchung — Ort des Heils. Hier die Versuchung für Ai, aber Heil für Israel.

»Da sprach der Herr zu Josua: Strecke die Lanze in deiner Hand aus auf Ai zu.«

An welches Bild denken wir sofort? Versucht einmal, die Bibel im Bild zu sehen. Wer in der Bibel streckte vor Josua seine Hand aus? Mose. Wer ist der Nachfolger von Mose? Josua. »Strecke deine Hand aus.« Was tut Mose und auch Aaron mit der ausgestreckten Hand? Bei allen Plagen strecken sie die Hand aus, auch bei der Spaltung des Roten Meeres: ständig die ausgestreckte Hand. Hier ist es jetzt ein Stab, aber ein Stab mit einer anderen Form, eine Lanze, denn Josua ist der Kriegsführer, der Inbegriff eines wahren Kriegsführers unter dem Herrn. Es ist wie Moses Stab, nicht in eine Schlange verwandelt, sondern in eine Lanze, das Zeichen des Krieges. Was bedeutet während eines Krieges das Bild Moses mit ausgestreckten Händen? Solange seine Hände erhoben sind, siegen sie, wenn die Hände sinken, werden sie geschlagen. So ist das Bild vollständig: beide Hände ausgestreckt. Bei Josua ist nur die Hälfte davon nötig — eine ausgestreckte Hand, damit sie siegen. Das ist das vorgedeutete Bild von Jesu Kreuz. Hier ist das Bild zweifach verwandelt: Von einem Stab in eine Lanze, denn das ist ein Kriegsführer; und natürlich nur eine Hand, nicht beide Hände wie bei Mose. Das Mosebild ist eine viel nähere Vordeutung auf Jesu Kreuz, mit den beiden Händen, in denen Heil ist. Aber ebenso hat auch dieses Bild mit der ausgestreckten Hand damit zu tun — es ist eine ganze Geschichte für sich. Die Bibel trägt ganze Geschichten, ganze Traditionen in sich.

»Und die Männer von Ai wandten sich um und sahen hinter sich und sahen den Rauch der Stadt aufsteigen gen Himmel und vermochten nicht zu fliehen, weder hierhin noch dorthin. Denn das Volk, das zur Wüste floh, kehrte um gegen die, die ihnen nachjagten.«

Sie sind erstarrt, erstarrt wie Lots Frau. Lots Frau hing zu sehr an dem Reichtum von Sodom und Gomorra, dies waren die reicheren Orte, die Lot gewählt hatte. Abraham hatte ihm die erste Wahl gegeben. Sie hängt am Reichtum und sie erstarrt, denn sie kann nicht davon wegkommen. So sind auch diese hier, sie können nicht wegkommen. Das ist das Bild von allen Leuten, die Jesus Christus nicht finden. Es ist ein Ruf zur Barmherzigkeit, daß wir alles tun, was wir können, damit diese Menschen den Weg finden, sonst werden sie im ewigen Tod erstarren. Das kann man nicht verharmlosen. Es kann nicht durch irgendeine Theologie nivelliert werden. Jesus Christus hat deutlich davon gesprochen. Ich habe gerade erst in meiner 9. Klasse den Text gelesen, in dem er von dem breiten Weg, auf dem die meisten gehen, und von dem schmalen Weg redet. Wohin führt der breite Weg? Jesus sagt es mit einem Wort: Verdammnis. Das können wir nicht verharmlosen, das ist der Weg zur Verdammnis, zum Erstarrtsein wie Lots Frau. Deswegen müssen wir diesen Leuten heraushelfen. Nur der Herr kann uns die Kraft dazu geben. Deswegen reden wir nicht weich oder harmlos und bestätigen die Menschen in ihrer Verlorenheit, sondern wir reden hart, denn wir haben einen harten, festen Feind, gegen den wir kämpfen müssen.

»Und alle, die an diesem Tage fielen, Männer und Frauen, waren zwölftausend, alle Leute von Ai. Josua aber zog nicht eher seine Hand zurück, mit der er die Lanze ausgestreckt hatte, bis der Bann vollstreckt war an allen Einwohnern von Ai.«

Daß diese Hand bis ans Ende ausgestreckt bleibt, ist natürlich ein Beweis dafür, daß dies eine Weiterführung von diesem Bild bei Mose ist, nur eine andere Form. Solange diese Lanze ausgestreckt ist, ist der Herr mit Israel und kämpft wie bei Moses erhobenen Armen.

»Nur das Vieh und die Beute der Stadt teilte Israel unter sich nach dem Wort des Herrn, das er Josua geboten hatte.«

Das bedeutet Gemeinschaft, daß man es mit Gott teilt. Nebenbei: Wir sind Gottes Beute. Hier nimmt Israel seine Beute. Aber letzten Endes sind wir Gottes Beute. Wer ist Gottes Beute in dieser ganzen Geschichte? Es ist Israel, Israel wird durchgeführt, es wird gehalten, geheilt, geführt. Wir sind Gottes Beute, wir sind herausgeholt aus einer Welt, die im Sterben ist, die hinter ihren dicken Mauern lebt und den weißen Vorhängen und was sonst noch. Wir sind die Beute Gottes. Aber Gott will auch, daß wir in diesem Sinn an der Beute Anteil haben, Anteil an der Gemeinschaft mit ihm. Deswegen durften die Israeliten hier das Vieh nehmen, damit sie an dem, was hier gewonnen wird, Anteil haben. Womit hat das zu tun, dieser Gemeinschaftsanteil? Es hat mit Abendmahl zu tun, mit Tischgemeinschaft. Das ist eine lange, alte und zentrale biblische Tradition. Es geht nicht nur um Gottes volle Herrschaft, daß Gott kämpft, daß Gott siegt, sondern darum, daß Gott mit uns Gemeinschaft haben will. Deswegen kam er hier auf Erden, deswegen hatte er Gemeinschaft mit sündigen und verlorenen Menschen. Denn dies hat er in seiner endgültigen Tischgemeinschaft angeboten, im heiligen Abendmahl. Das ist der Vollzug der Gemeinschaft Gottes mit uns, in der wir Anteil an ihm haben. Hier hat Israel nur eine Vordeutung, einen Anteil an der Beute Gottes, einen Anteil an der Beute dieser Stadt — aber wir sind die zentrale Beute, wenn wir ihm gehören.

»Nur das Vieh und die Beute der Stadt teilte Israel unter sich nach dem Wort des Herrn, das er Josua geboten hatte. Und Josua brannte Ai nieder und machte es zu einem Schutthaufen...«

Die Zeit ist abgelaufen, das ist Gericht. Es gibt kein Ai mehr. Das ist es, was geschehen wird, wenn Jesu Gericht kommt, nicht nur über Ai, sondern über alles hier. Alles wird zu einem Schutthaufen. »Kehre nicht zurück, schau nicht zurück!« sagt er zu Lots Frau. Dies ist auch unser Weg mit Jesus, nicht zurückzuschauen und nicht zurückzuhängen an Ideologien, an Wunschträumen oder ähnlichem, sondern vorwärts mit Jesus Christus. Was hinter uns liegt, wird nur wie ein Schutthaufen sein. Aber wir wollen nicht, daß die Menschen so wie hier gerichtet werden. Das ist eine Mahnung an uns missionarische Christen.

»...für immer, der noch heute daliegt, und ließ den König von Ai an einen Baum hängen bis zum Abend.«

»Verflucht ist, wer am Holz hängt« (5. Mose 21, 23). Holz ist das Zeichen der Verfluchung. Wer hing dann endgültig am Holz, damit wir nicht zum Schutthaufen werden müssen, weder Israel noch die Heiden? Jesus. Genau dieses Bild. Es ist das Zeichen der Verfluchung. Jesus ist unser wahrer, gerechter König, auch Hirtenkönig. Die Könige dieser Welt sind dahin, sie werden mit dieser Welt gerichtet. Er aber ist unser König und das Angebot ist sein Kreuz, damit wir gerettet und nicht zum Schutthaufen gemacht werden. Jesus trägt am Kreuz unser Gericht und unsere Verfluchung, damit wir Heil in ihm haben können.

»Als aber die Sonne untergegangen war, gebot er, daß man seinen Leichnam vom Baum nehmen sollte, und sie warfen ihn unter das Stadttor und machten einen großen Steinhaufen über ihm, der bis auf diesen Tag da ist.«

Sie besiegeln seinen Tod. Was machen sie mit Jesus? Sie nehmen einen großen Stein.

»Damals baute Josua dem Herrn, dem Gott Israels, einen Altar auf dem Berge Ebal...«

»...wie Mose, der Knecht des Herrn, den Israeliten geboten hatte, wie geschrieben steht im Gesetzbuch des Mose: einen Altar von unversehrten Steinen...«

Womit haben wir es hier zu tun? Überlegt einmal: es steht ständig in der Bibel, im Alten Testament, daß ein Altar nicht aus Steinen sein darf, die mit Eisen behauen wurden. Jesu Kreuzigung ist die endgültige Hingabe an den Herrn, das endgültige Opfer, der Eckstein des neuen Tempels Gottes.

Jesus ist gekreuzigt, aber kein gebrochener Knochen ist an ihm zu finden. Was ist natürlich das Zwischenglied zwischen diesen unbehauenen Steinen, die unversehrt bleiben? Es ist Passa. Was steht zum gleichen Thema beim Passa? Wie muß das Passalamm sein? Kein Knochen darf an ihm zerbrochen sein. So ist die permanente Entwicklung in der Bibel. Erst in Beziehung zu den Steinen — wir müssen lernen, aus dem gegebenen Rahmen heraus zu sehen, was gemeint ist. So kommt es in Jesu Gleichnissen öfters vor, daß die Vergleiche ganz andere Züge annehmen. Zuerst geht es hier um Stein; die Steine müssen unbehauen sein, das bedeutet intakt, ganz, von Natur aus so. Dann geht es um das Opferlamm, und das Opferlamm darf keinen zerbrochenen Knochen an sich haben, das bedeutet hier ebenfalls intakt, als Ganzes gesehen. Später dann bei Jesus wurde kein Knochen zerbrochen, als er gekreuzigt wurde. Wo steht das geschrieben? Im Johannesevangelium.

»...einen Altar von unversehrten Steinen, die mit keinem Eisen...« Mit keinem Eisen, das bedeutet, von keinen Menschenhänden gemacht. Aus Eisen sind die Dinge, die Menschenhände gemacht haben. Welche Feinde haben nicht erlaubt, daß Israel aus Eisen Waffen machen konnte? Die zentralen Feinde, die Philister. Was Menschen hier schaffen, ist aus Naturstein, den Gott gegeben hat. Sie dürfen ihn nicht bearbeiten, das bedeutet: er tut, er gibt; er, und nicht sie.

»Und sie opferten dem Herrn darauf Brandopfer...«

Was bedeutet Brandopfer? Alles gehört dem Herrn, dem Gott Israels. Brandopfer meint: Das Blut kommt aus der Pulsader heraus, das Leben ist im Blut, und das Leben gehört Gott. Das Ganze wird dann am Altar geopfert, um zu zeigen: der Herr ist der Herr der ganzen Schöpfung, dieser Tiere, und mein Herr; denn die Hand wird auf diese Tiere gelegt von den Priestern, bevor sie in den Tod geschickt werden, um zu zeigen, daß sie stellvertretend für mich in den Tod gehen. Unser »Opfertier« ist Jesus Christus, der für uns an unserer Stelle in unseren Tod ging.

»...und brachten Dankopfer dar, und er schrieb dort auf die Steine eine Abschrift des Gesetzes...«

An was denken wir sofort? »Jesus von Nazareth, König der Juden«, die Erfüllung des Gesetzes, wie Rembrandt es in drei biblischen Sprachen geschrieben hat: Griechisch, die Bildungssprache, Latein, die Sprache für die ganze römische Welt und Hebräisch, die Sprache seines Volkes. Hier steht »daraufgeschrieben«. Dies müssen wir uns bewußt machen. Es besteht eine Ähnlichkeit zu Jesu Kreuz, die nicht von ungefähr kommt, sondern eine Zielsetzung hat, als unser Erfüllen des Gesetzes.

»...und er schrieb dort auf die Steine eine Abschrift des Gesetzes, das Mose vor den Augen der Israeliten geschrieben hatte. Und ganz Israel (hier sehr wichtig!) stand mit seinen Ältesten und Amtsleuten und Richtern zu beiden Seiten der Lade gegenüber den Priestern aus dem Stamm Levi, die die Lade des Bundes des Herrn trugen, sowohl die Fremdlinge als auch die Einheimischen, die eine Hälfte zum Berge Garizim hin und die andere Hälfte zum Berge Ebal hin...«

Was geschieht hier? Das ganze Volk ist vereinigt. Wer steht in ihrer Mitte? Der Herr, der Gott Israels. Das ist eine Vordeutung auf die endzeitliche Errettung des ganzen Volkes Israel. Es ist auch ein Bild der Gemeinde, der ganzen Gemeinde. Jedes Glied soll am Sonntag in der Gemeinde sein, denn dort sind wir miteinander vereinigt, aus allen Kreisen, jeder von uns. Wir stehen da aus allen möglichen Gruppen, allen möglichen Wegen, die Einheimischen und die »Fremdlinge«, die zugezogen sind, alle sind zusammen vereinigt, wie es dieses wunderbare Lied ausdrückt: »Herr, wir gehen Hand in Hand...« Das ist das Volk Gottes. Wer hat für das Volk gesiegt? Es war nicht das Volk, sondern das Volk steht da, und sein Gott, der Herr, der Gott Israels, steht in der Mitte mit einer Abschrift des Gesetzes auf dem Altar aus unbehauenen Steinen. Wer hat dieses Gesetz erfüllt für uns und steht an Stelle des Gesetzes und auch an Stelle des Fluches des Gesetzes? »Verflucht ist, wer am Holze hängt«? Es ist Jesus Christus. So steht er mitten unter uns bei den Gottesdiensten. Es ist das Bild der Errettung des Volkes Israel und es ist ein gegenwärtiges Bild der Errettung von Gottes Volk des Neuen Bundes mit Jesus Christus mitten unter uns. Er hat keine zerbrochenen Knochen an seinem Kreuz, an dem geschrieben steht: »König der Juden«.

»...eine Abschrift des Gesetzes, das Mose vor den Augen der Israeliten geschrieben hatte. Und ganz Israel (das ist ein wunderbares Bild, ein Siegesbild) stand mit seinen Ältesten und Amtleuten und Richtern zu beiden Seiten der Lade gegenüber den Priestern aus dem Stamm Levi...«

Alles ist versammelt, was in Israel zählt, im Glaubenssinn zählt. Die Amtleute, die Richter, diese sind wegen dem Gesetz da, Leviten und Priester wegen dem Kult, und in der Mitte steht dieser Altar. Eine Vordeutung auf Jesu Kreuz.

»...die Fremdlinge sowohl als auch die Einheimischen, die eine Hälfte zum Berge Garizim hin...«

Auf was deutet zum Berg Garizim hin? Dieser Berg hat eine sehr besondere Bedeutung. Er ist zum Heiligtum geworden, für die Samariter das Gegenheiligtum zu Jerusalem. Bis heute! Es gibt immer noch etwa 2 000 Samariter, die festhalten am Berg Garizim als ihrem Heiligtum; sie akzeptieren Jerusalem nicht. Im 5. Buch Mose steht: Ihr sollt nur ein Heiligtum haben. Sie sagen: »Die anderen halten Jerusalem für das Heiligtum, wir aber Garizim.« Sie haben Knochen zur Zeit der Geburt Jesu in den Tempel geworfen, um den Tempel zu verunreinigen, um zu zeigen, daß das kein Heiligtum, sondern das ihre das wahre Heiligtum ist. Das kommt von diesem Bild hier. Will Gott, daß Garizim das endgültige Heiligtum Israels ist? Was für einen Beweis haben wir? Was für einen messianischen Titel hat Jesus, der beweist, daß Garizim nicht das Heiligtum sein kann? »Du Sohn Davids«. David hatte den Gedanken gehabt, den Tempel zu bauen. Salomo hat das für ihn vollzogen. Es wird durch Nathan gesagt: »Du willst ein Haus für Gott bauen, aber er baut ein ewiges Haus für dich«, eine Dynastie, das bedeutet aus deinem Hause und Geschlechte. Wo herrschten die Könige von Juda? Herrschten sie in Garizim, in Samaria? Nein, sie herrschten in Juda und ihrer Stadt, ihrer Privatstadt, der Königsstadt Jerusalem. Deswegen kann es nicht sein. Es wird hier von den Samaritern so benutzt, es ist ihr heiliger Berg. Es ist nicht das richtige Heiligtum. Hier ist die Teilung zwischen Nord- und Südreich, zwischen Judäern und Samaritern vorgedeutet.

»...wie Mose, der Knecht des Herrn, vormals geboten hatte, das Volk Israel zu segnen.«

Der Segen, der endgültige Segen kommt natürlich durch die ausgestreckten Hände Jesu am Kreuz, der der endgültige Opferaltar Gottes für uns ist.

»Danach ließ er ausrufen alle Worte des Gesetzes, den Segen und den Fluch...«

Warum den Segen und den Fluch? Weil hier Israel gesegnet ist und das Volk von Ai verflucht. »Israel, wer dich segnet, den will ich segnen, wer dich verflucht, den will ich verfluchen.« Das hat heute nicht nur mit Israel zu tun, sondern was noch viel wichtiger ist, auch mit Jesus Christus. Wir richten uns durch ihn. Jesus sagt, Mensch, ich bin nicht gekommen zu richten. Nein, wir richten uns an ihn. Wer ihn annimmt ist im Segen, und wer ihn ablehnt, im Fluch.

»Es war kein Wort, das Mose geboten hatte, das Josua nicht hätte ausrufen lassen vor der ganzen Gemeinde Israel und vor den Frauen und Kindern und Fremdlingen, die mit ihnen zogen.«

Hier ist die ganze Schar, ein Bild der Erlösung, ein Bild von Gottes Freude. Alles wird vollbracht — »es ist vollbracht!« — kein Wort, das ausgelassen ist. Jesus sagt: »Es ist vollbracht.« Hier ist ein direkter Bezug zu ihm, denn er hat das Gesetz dem Buchstaben und dem Geist nach erfüllt. »Es ist vollbracht.« Ich habe dieses Volk errettet von seinen Feinden, mit Frauen, Kindern, Fremdlingen, alle zusammen. Dies ist das Bild derer, die ausharren bis ans Ende. Es sind Menschen, die mit dem Herrn gehen, Tag um Tag, Jahr um Jahr und die Beute des Herrn sind, die sich selbst verleugnen und Jesus Christus auf dem schmalen Weg folgen ganz und gar, mit vollem Einsatz, nicht mit halbem Eifer. Wer hat es zuerst nur mit halbem Einsatz versucht? Josua. Deswegen ist er geschlagen worden. Dann mit dem ganzen Volk und dem ganzen Einsatz gelang es ihm. Das ist es, was Christus von uns haben will, denn er hat für uns den vollen Einsatz am Kreuz nicht gescheut.

Holzhauer und Wasserschöpfer

Als das nun alle Könige hörten, die jenseits des Jordans waren auf dem Gebirge und im Hügelland und am ganzen Ufer des großen Meeres nach dem Libanon hin, nämlich die Hetiter, Amoriter, Kanaaniter, Perisiter, Hiwiter und Jebusiter, fanden sie sich zusammen, um einmütig gegen Josua und gegen Israel zu kämpfen. Aber die Bürger von Gibeon hörten, was Josua mit Jericho und Ai getan hatte. Da erdachten auch sie eine List, gingen hin und versahen sich mit Speise und nahmen alte Säcke auf ihre Esel und alte, zerrissene, geflickte Weinschläuche und alte, geflickte Schuhe an ihre Füße und zogen alte Kleider an, und alles Brot, das sie mit sich nahmen, war hart und zerbröckelt. Und sie gingen zu Josua ins Lager nach Gilgal und sprachen zu ihm und zu den Männern Israels: Wir kommen aus fernen Landen; so schließt nun einen Bund mit uns. Da sprachen die Männer Israels zu den Hiwitern: Vielleicht wohnt ihr mitten unter uns; wie könnten wir dann einen Bund mit euch schließen? Sie aber sprachen zu Josua: Wir sind deine Knechte. Josua sprach zu ihnen: Wer seid ihr, und woher kommt ihr? Sie sprachen: Deine Knechte sind aus sehr fernen Landen gekommen um des Namens des Herrn, deines Gottes, willen; denn wir haben von ihm gehört alles, was er in Ägypten getan hat, und alles, was er den beiden Königen der Amoriter jenseits des Jordans getan hat, Sihon, dem König von Heschbon, und Og, dem König von Baschan, der zu Aschtarot wohnte. Darum sprachen unsere Ältesten und alle Bewohner unseres Landes zu uns: Nehmt Speise mit euch auf die Reise und geht ihnen entgegen und sprecht zu ihnen: Wir sind eure Knechte. So schließt nun einen Bund mit uns! Dies unser Brot, das wir aus unsern Häusern zu unserer Speise mitnahmen, war noch warm, als wir zu euch auszogen, nun aber, siehe, ist es hart und zerbröckelt; und diese Weinschläuche waren neu, als wir sie füllten, und siehe, sie sind zerrissen; und diese unsere Kleider und Schuhe sind alt geworden über der sehr langen Reise. Da nehmen die Obersten von ihrer Speise, aber befragten den Mund des Herrn nicht. Und Josua machte Frieden mit ihnen und schloß einen Bund mit ihnen, daß sie am Leben bleiben sollten. Und die Obersten der Gemeinde schworen es ihnen. Aber drei Tage, nachdem sie mit ihnen einen Bund geschlossen hatten, kam es vor sie, daß jene aus ihrer Nähe wären und mitten unter ihnen wohnten. Denn als die Israeliten weiter zogen, kamen sie am dritten Tage zu ihren Städten; die hießen Gibeon, Kefira, Beerot und Kirjat-Jearim. Aber die Israeliten erschlugen sie nicht, weil ihnen die Obersten der Gemeinde geschworen hatten bei dem Herrn, dem Gott Israels. Als aber die ganze Gemeinde gegen die Obersten murrte, sprachen alle Obersten zu der ganzen Gemeinde: Wir haben ihnen geschworen bei dem Herrn, dem Gott Israels; darum können wir sie nicht antasten. Aber das wollen wir tun: Laßt sie leben, daß nicht ein Zorn über uns komme um des Eides willen, den wir ihnen geschworen haben. Und die Obersten sprachen weiter zu ihnen: Laßt sie leben, damit sie Holzhauer und Wasserschöpfer seien für die ganze Gemeinde, wie ihnen die Obersten gesagt haben. Da rief sie Josua und redete mit ihnen und sprach: Warum habt ihr uns betrogen und gesagt: »Wir sind sehr fern von euch«, wo ihr doch mitten unter uns wohnt? Darum sollt ihr verflucht sein und sollt nicht aufhören, Knechte zu sein, die Holz hauen und Wasser schöpfen für das Haus meines Gottes. Sie antworteten Josua: Es wurde deinen Knechten angesagt, daß der Herr, dein Gott, seinem Knecht Mose geboten habe, daß er euch das ganze Land geben und vor euch her alle Bewohner des Landes vertilgen wolle. Da fürchteten wir sehr für unser Leben und haben das so gemacht. Nun aber, siehe, wir sind in deinen Händen; was dich gut und recht dünkt, mit uns zu tun, das tu. Und so tat er mit ihnen und errettete sie aus der Hand der Israeliten, daß sie sie nicht töteten. So machte sie Josua an diesem Tage zu Holzhauern und Wasserschöpfern für die Gemeinde und den Altar des Herrn bis auf diesen Tag, an der Stätte, die er erwählen würde.

Josua 9, 1-27

»Als nun alle Könige hörten, die jenseits des Jordans waren auf dem Gebirge und im Hügelland und am ganzen Ufer des großen Meeres nach dem Libanon hin, nämlich die Hetiter, Amoriter, Kanaaniter, Perisiter, Hiwiter und Jebusiter, fanden sie sich zusammen, um einmütig gegen Josua und gegen Israel zu kämpfen.«

Die Einheit der Gegner Israels erinnert mich sofort an den Krieg aller arabischen Länder gegen Israel nach dem Zweiten Weltkrieg. Warum hier gegen Josua und Israel? Das ist sehr wichtig. Es gibt immer einen Mittler im alten und neuen Bund. Die Vermittler sind die Patriarchen, Abraham, Isaak, der kein so wesentlicher Vermittler war, und Jakob, Israel. Es geht weiter über Mose, Josua und David. Dann, als die Könige versagten, geht es auf die Propheten über, bis es dann zu dem endgültigen Vermittler, Jesus Christus, übergeht. Es ist ein völkischer Bund, der alte Bund, aber es hat immer Vermittler für diesen Bund gegeben. Wir sollten nicht die

Fehler machen, die der Katholizismus machte, nämlich jetzt Mittler zwischen uns und Jesus Christus einzubauen. Jesus Christus ist der Vermittler, wie Josua der Vermittler war, wie Mose, aber er ist viel mehr als Mose und Josua, weil er der Vollender der ganzen Tradition ist. So wie Josua der Vollender des Krieges ist, führt Jesus den endgültigen Krieg, und zwar zweifach. Er kämpft gegen den Satan in der Versuchungsgeschichte und am Kreuz. Dort ist ein Sieg. Dann ein Krieg wie bei Josua, ein endgültiger Kampf — wenn er wiederkommt, um mit dem Schwert zu kämpfen. Er führt die Kriegstradition fort, vor allem führt er die prophetische Tradition, die königliche Tradition, die priesterliche Tradition fort. Alle diese Vermittlertraditionen vereinigt Jesus in sich. Er ist der Hohepriester in alle Ewigkeit, der Sohn Davids, er ist die endgültige Vollendung der prophetischen Tradition. Mose als der höchste Prophet (Mose sagte auch, ich aber sage euch) und er als der endgültige Sieger im Kampf. Jesus vollendet alle Vermittlungstraditionen, die im Alten Testament vorhanden sind. Deshalb brauchen wir keinen anderen Vermittler.

Jesus allein ist zu verehren, nicht Maria und alle diese Vermittler, die Heiligen, der Papst und die Kirche. Es gibt nur einen Vermittler wie zu Josuas Zeit.

»Aber die Bürger von Gibeon hörten, was Josua mit Jericho und Ai getan hatte. Da erdachten auch sie eine List, gingen hin und versahen sich mit Speise und nahmen alte Säcke auf ihre Esel und alte, zerrissene, geflickte Weinschläuche...«

Wie hat das Volk Israel dort in der Wüste ausgesehen? So ziemlich wie diese Leute. Das bedeutet: das Bild, das hier dargestellt wird von Heiden, ist sehr ähnlich, sie kommen von weit her. — Wie war das mit den Israeliten in der Wüste? Das Volk ist gerade im Begriff, das Land zu übernehmen. Gerade das Bild, das die Gibeoniter bieten, ist im Grunde genommen eine schlaue Nachahmung von dem Bild, welches Israel bestimmt geboten hat für alle seine Feinde, mit alten, lumpigen Kleidern, von weit hergekommen. Aber es ist noch etwas anderes, das sie bewegt: Sie haben von den Wundern gehört, die der Herr durch Israel getan hat. Ich denke an die drei Weisen, die von weit hergekommen sind, um dem Gott Israels zu huldigen, weil sie wissen, daß der Gott Israels Macht hat.

Dann denke ich an eine Frau, die einen schlimmen Weg ging.

Sie war eine Hure. Aber sie rettete sich auf die gleiche Weise, wie auch die Gibeoniter zum Ziel kamen: durch eine Notlüge. Denn sie weiß, daß Gott, der wirklich vollmächtige Gott ist. Sie will sich nicht gegen das Volk stellen, weil sie weiß: Das ist der wahre Gott. Wer ist das? Rahab. Sie spielt eine so wichtige Rolle in der Bibel, da Jesus von ihr abstammt. Sie ist eine Hure, was noch schlimmer ist als eine Notlüge, wenn es um Leben geht. Merkwürdig sind Gottes Wege. Ein Freund von mir, Professor der Germanistik in England, schickte mir ein Buch über Schindler. Was soll ich über diesen Mann sagen? Ein Sudetendeutscher, der ein Playboy war, der viel getrunken, aber auch Tausenden von Juden das Leben gerettet hat. Ein übler Mann, ein sehr übler Mann, aber im Dritten Reich hat er sein Leben für Gottes Volk eingesetzt, jeden Tag und jede Stunde. Gottes Wege sind sehr merkwürdig. Ich kann nicht ja und amen zu seinem Lebenswandel sagen, genausowenig zu Rahabs, genausowenig zu dieser Notlüge. Dieser Mann war ein ganz übler Mann, sein Privatleben war unerträglich. Aber er war ein Instrument Gottes, um Tausende aus seinem Volk zu retten. Gottes Wege sind sehr, sehr merkwürdig. Denkt einmal an Saulus, wie er vorher war, an Mose als Totschläger. Aber Schindler hat seine Wege nicht geändert, er blieb so ein übler Mann, ein Playboy, ein äußerlicher Typ, aber wenn es hart auf hart ging, hat er getan, was keiner von den Guten und Gerechten, von den Feinen und Gläubigen getan hat, er hat jeden Tag sein Leben für Gottes Volk eingesetzt.

Wie soll man das erklären? Ich kann es nicht. Wie soll man diese zwei Dinge zusammenbringen, sein Privatleben und das Heldentum. Es war ein ungeheures Heldentum, was er da Tag für Tag getan hat. So war es bei Rahab, der Hure, und so ist bei diesen, die wissen, daß der Herr, der Gott Israels, Gott ist. Das ist ein Glaubensbekenntnis. Sie wissen das, obwohl sie Heiden sind. Woher kennen wir solche Geschichten? Zum Beispiel dieser Naeman, nicht wahr? Der weiß es auch. Darum geht es letzten Endes. Sie wissen es, und deswegen werden sie errettet. Verflucht, aber errettet. Das Volk wird nicht ausgerottet. Es bleibt immer unter den Israeliten bis zum heutigen Tag, wie es hier steht. Sehr merkwürdig sind Gottes Wege, ja, sehr merkwürdig. Lassen wir uns nicht dazu verleiten, sofort zu richten. Er findet Wege für Menschen, die wir wirklich längst abgeschrieben haben. Wir sehen zugleich unter den heiligsten Menschen Probleme, mit denen sie selbst nicht fertig werden. Elisabeth und Zacharias haben aufgehört, darum zu beten, daß sie ein Kind bekommen, nicht wahr? Weil sie viel zu alt dafür waren, haben sie aufgehört, deshalb glaubt Zacharias nicht, daß sie doch noch ein Kind bekommen. Trotzdem kommt Gott ans Ziel mit ihnen, nachdem sie zu beten aufgehört haben. Ihr Gebet wurde erhört, aber zu Gottes Zeit, nicht zu ihrer Zeit. So gibt es Menschen, die wir kennen, die sehr merkwürdige Wege gehen, aber vielleicht werden sie wie der Schächer am Kreuz am Ende am Ziel sein.

Da kommen sie mit alten, zerrissenen, geflickten Weinschläuchen — Jesus sagt uns, daß man nicht neuen Wein in alte Schläuche füllen kann.

Aber diese Leute werden nicht mit Wein zu tun haben, sondern mit Wasser. Wasser und Wein sind eng verbunden in der Bibel, — in welcher Geschichte? Bei der Hochzeit zu Kana und der ersten Plage in Ägypten. Sie werden für ganz neue Dienste eingesetzt, sie werden Wasserschöpfer sein. Wasser ist in Israel ein Zeichen für Reinheit; es ist ein kultischer Dienst, den sie tun. Aber sie kommen hier mit alten Schläuchen, das sind die alten Wege, die Wege eines heidnischen Volkes. Es wird kein neuer Wein hineingefüllt werden, sondern sie werden Wasserschöpfer für Gott sein, für seine Gemeinde, das wird in Beziehung zur Reinheit der neue Weg für sie sein. »Aber die Bürger von Gibeon hörten, was Josua mit Jericho und Ai getan hatte. Da erdachten auch sie eine List, gingen hin und versahen sich mit Speise und nahmen alte Säcke auf ihre Esel und alte, zerrissene, geflickte Weinschläuche und alte, geflickte Schuhe an ihre Füße und zogen alte Kleider an, und alles Brot, das sie mit sich nahmen, war hart und zerbröckelt.«

Es ist ein kluges Volk. Das harte und zerbröselte Brot erinnert uns an Mazzoth, das Brot der Israeliten in der Wüste..

»Und sie gingen zu Josua ins Lager nach Gilgal (zu dem Heiligtum) und sprachen zu ihm und zu den Männern Israels: Wir kommen aus fernen Landen.«

Ich denke sofort an die drei Weisen. Diese Männer kommen her, um Israel, den wahren Gott, zu begrüßen; einen Gott, dem sie nie begegnet sind, wie die drei Weisen aus fernem Lande kommen, um Jesus Christus zu ehren, weil sie seinen Stern gesehen haben. Das seltsame ist aber, daß diese Leute in diesem Land hier wohnen.

»...so schließt nun einen Bund mit uns. Da sprachen die Männer Israels zu den Hiwitern: Vielleicht wohnt ihr mitten unter uns.«

Sie kommen der Sache sehr nah — »vielleicht wohnt ihr mitten unter uns«. Wie sie auf diesen Gedanken kommen, weiß ich nicht. Es sind kluge Leute, die auf diesen Gedanken kommen. »Vielleicht wohnt ihr mitten unter uns« — das muß sie in Angst versetzt haben, diese Hiwiter, denn Israel sieht die Sachlage. Wenn sie das bejaht hätten um der Wahrheit willen, wären sie alle umgebracht worden.

»...so schließt nun einen Bund mit uns. Da sprachen die Männer Israels zu den Hiwitern« Vielleicht wohnt ihr mitten unter uns; wie könnten wir dann einen Bund mit euch schließen? Sie aber sprechen zu Josua: »Wir sind deine Knechte. Wir sind deine Diener« — das bedeutet: Wir werden uns unter euch stellen.

So hat Rahab Israel gedient, und so werden sie Diener Israels. Das bedeutet, wir stellen uns unter euch. Es ist eine demütige Aussage. Sie wissen, sie können gegen den Gott Israels und gegen das Volk nicht bestehen, denn Gott ist mit dem Volk. Deswegen dienen sie und stellen sich unter Israel. Solche hat es immer in Israels Geschichte gegeben. Auch von Ägypten heißt es, daß Fremdlinge mitgezogen sind. Israel hat nicht versucht zu missionieren, aber es gibt auch immer solche, die gewußt haben, daß der Gott Israels der lebendige Gott ist.

»Josua sprach zu ihnen: Wer seid ihr, und woher kommt ihr? Sie sprachen: Deine Knechte sind aus fernen Landen gekommen...«

Das klingt wirklich märchenhaft diese ganze Geschichte, ungeheuer ausgestaltet, nicht wahr?

»...aus fernen Landen gekommen um des Namens des Herrn, deines Gottes, willen; denn wir haben von ihm gehört alles, was er in Ägypten getan hat.«

Das klingt genau wie bei den drei Weisen, das klingt genau wie das, was Rahab sagte: ihr Zeugnis für den Gott Israels ist ein Zeugnis dafür, daß sie diesen Gott anerkennen. Deswegen werden sie jetzt nicht sterben, denn wo der lebendige Gott ist, da ist Leben. Jesus Christus hat gesagt, ich bin das Leben. Wer sich zu ihm bekennt, ist im Leben.

»...und alles, was er den beiden Königen der Amoriter (jenseits der zwei Zeugen) jenseits des Jordans getan hat, Sihon, dem König von Heschbon und Og, dem König von Baschan, der zu Aschtarot wohnte. Darum sprachen unsere Ältesten und alle Bewohner unseres Landes zu uns: Nehmt Speise mit euch auf die Reise und geht ihnen entgegen und sprecht zu ihnen: Wir sind eure Knechte.«

An welche Geschichte denkt jeder Jude, wenn er das liest? Nehmt Speise und geht denen entgegen — er denkt an einen Bewohner dieses Landes, einen gerechten Einwohner, an Melchisedek, der wem begegnet? Abraham. Mit Speise, mit Wein und Brot begegnet er ihm. Dieses Bild wird im Neuen Testament als eine Vordeutung auf den gerechten König, Jesus Christus, den gerechten Priesterkönig, benutzt, nicht wahr? Melchisedek war ein Heide. Jesus war natürlich kein Heide. Aber er ist auch für die Heiden der gerechte Priesterkönig. Dann geht es weiter.

»Nehmt Speise mit euch auf die Reise und geht ihnen entgegen und sprecht zu ihnen: Wir sind eure Knechte.«

Unterwerfung unter das Volk Israel, weil der Gott Israels der wahre Gott ist. Deswegen werden sie nicht ausgerottet. Ein Glaubensbekenntnis: Wir wissen, das ist der wahre Gott. »Und sie sollen erkennen, daß ich der Herr bin.« — Wo steht das immer wieder geschrieben? In Beziehung zum Pharao, der aber kein Glaubensbekenntnis ablegt. Sie sollen erkennen, daß ich der Herr bin — hier ist eine Vordeutung auf den Weg der Erlösung Israels, aber auch eine Vordeutung in Beziehung zu den Heiden. Diese Vordeutung zieht sich Schritt für Schritt durch die ganze Bibel: Melchisedek, Rahab, Naaman.

»So schließt nun einen Bund mit uns!«

Warum? Weil ein Bund nicht gebrochen werden darf, weil er auch mit Gott geschlossen wird. Der Gott Israels kann seine Erwählung (seinen Bund) nicht auflösen, auch wenn Israel auf Golgatha nein zu Jesus Christus gesagt hat, denn Gott hat den Bund geschlossen. Die Juden schrien: »Wir haben ein Gesetz, bringt ihn um!« Jesus könnte geantwortet haben: »Wir haben einen Bund, deswegen stehe ich zu euch. Mein Bund ist ein ewiger Bund.« Er steht zu uns, dem neuen Bund, und er steht zu dem Volk Israel. Das tritt auch sehr deutlich in diesem Text hervor: ein Bund darf nicht gebrochen werden, wenn er einmal im Namen des Herrn geschlossen worden ist. Was ist der Alte und der Neue Bund? Sie sind nicht nur geschlossen im Namen des Herrn, sie sind geschlossen von dem Herrn. Das ist noch mehr, nicht nur im Namen, sondern von dem Herrn selbst geschlossen. »Wir sind eure Knechte. So schließt nun einen Bund mit uns! Dies unser Brot, das wir aus unseren Häusern zu unserer Speise mitnahmen, war noch warm, als wir zu euch auszogen, nun aber, siehe, ist es hart und zerbröckelt; und diese Weinschläuche...«

Was wird hier genannt in Beziehung zu Bund? Brot und Wein. Genau wie bei Melchisedek. Dieser Weg geht über Sinai, dieser Weg vom Sinai, hier, bis hin zu Jesus Christus — Brot und Wein. Aber was für ein Brot? Ein zerbröckeltes, hartes Brot. Es ist ein harter Weg, ein Weg der Notlüge, ein übler Weg; es sind alte Schläuche. Das bedeutet, daß alle diese Völker umgebracht werden müßten, weil sie so tief in Schuld verstrickt sind. Sie klagen, daß die Weinschläuche alt und zerrissen sind, daß das Brot alt ist — aber jetzt fängt etwas Neues an, denn sie schließen einen Bund mit dem ewigen Gott.

Theaterstück? Es ist ein Theaterstück, weil es um ein ganzes Volk geht. Die tun, als ob sie ein Wandervolk wären, weil Israel selbst zu einem Wandervolk geworden ist, und weil sie in diesem Volk die Macht Gottes geoffenbart sehen.

»Da nahmen die Obersten von ihrer Speise, aber befragten den Mund des Herrn nicht.«

Hier begeht Israel eine Sünde. Die Sünden werden jetzt verdoppelt. Hier wird ein Bund über zwei Sünden hinweg geschlossen — eine Notlüge um Leben und Israel. Wer aber hat genau die gleiche Sünde begangen und hatte mehr Verantwortung als Josua? Es war Mose. Welche Sünde beging er? Er hat Wasser aus dem Fels geholt, ohne den Herrn zu ehren. Das ist genau die Wiederholung von Moses Sünde. Was wird damit gezeigt? Hier wird ein Bund geschlossen zwischen zwei sündigen Völkern, aber trotzdem steht der Herr zu diesem Bund. So geheimnisvoll sind seine Wege.

»Und Josua machte Frieden (Schalom) mit ihnen und schloß einen Bund mit ihnen, daß sie am Leben bleiben sollten.«

Was bedeutet am Leben bleiben? Sie sind im Leben, weil sie dem Gott Israels gehören, weil sie ihn als den wahren Gott anerkennen. Dies wird nun bestätigt, indem sie Gottes Volk dazu segnen.

»Josua machte Frieden mit ihnen und schloß einen Bund mit ihnen (Josua!), daß sie am Leben bleiben sollten. Und die Obersten der Gemeinde schworen es ihnen.«

Kann man einen Schwur brechen? Nein, wenn geschworen worden ist, dann ist es festgelegt.

»Aber drei Tage, nachdem sie mit ihnen einen Bund geschlossen hatten, kam es vor sie, daß jene aus ihrer Nähe wären und mitten unter ihnen wohnten.«

Sie kommen nach drei Tagen zur Wahrheit.

»Denn als die Israeliten weiter zogen, kamen sie am dritten Tage zu ihren Städten...«

Diese Leute gehen mit, jetzt kommen sie zu den Städten, wo sie wohnen — ein richtiges Schauspiel geschieht hier.

»...die hießen Gibeon, Kefira, Beerot und Kirjat-Jearim.«

Das ist ein sehr kleines Volk. Es besteht nur aus vier Städten

»Aber die Israeliten erschlugen sie nicht, weil ihnen die Obersten der Gemeinde geschworen hatten bei dem Herrn, dem Gott Israels. Als aber die ganze Gemeinde gegen die Obersten murrte...«

Hier geschieht es mit Recht, daß die ganze Gemeinde murrte. Bisher war es immer falsch; in der Wüste, als sie gegen Gott und gegen Mose murrten. Hier haben sie Recht zu murren. Gott hatte befohlen, daß auf alle Völker der Bann gelegt werden soll. Das bedeutet, auch darüber wollen wir uns im klaren sein, daß — falls dieses Volk nicht diese Notlüge gebraucht hätte, es unweigerlich ausgelöscht worden wäre. Was für andere Wege gehen sie hier. Keinen ehrlichen Weg, auf welchen sie sich hätten erretten können. Denn es gibt keinen, da Gott den Bann über sie verhängt hat.

Geben Sie mir eine Alternative für die Lage, in der diese stehen. Der Bann ist auf alle Völker gelegt. Was können sie sonst tun, um sich zu retten? Sie müssen dieses Schauspiel machen, es gibt keine andere Möglichkeit. Israel kommt und ist bereit, alle umzubringen. Aber dann merken sie, daß da Leute sind, gerade mitten unter ihnen, an welche sie keine Hand legen können, weil sie einen Bund geschlossen haben, im Namen des Herrn geschworen haben. Aber die ganze Gemeinde murrte gegen die Obersten: Gott hat befohlen, was habt ihr gegen Gott gemacht?

»...sprachen alle Obersten zu der ganzen Gemeinde: Wir haben ihnen geschworen bei dem Herrn, dem Gott Israels; darum können wir sie nicht antasten.«

Wehe dem, der Gottes Augapfel (Gottes Volk) antastet — gerade dieses Wort »antasten«. Wir haben im Namen des Herrn, unseres Gottes, einen Bund mit ihnen geschlossen, deswegen können wir diese nicht antasten. Wer zu Israel gehört, soll nicht angetastet werden.

»Aber das wollen wir tun: Laßt sie leben, daß nicht ein Zorn über uns komme um des Eides willen...«

Wie steht es mit denen, die Feinde um des Evangeliums willen, aber Geliebte um der Väter willen sind?

»...nicht ein Zorn über uns komme um des Eides willen...«

Hier bei Israel geht es um der Väter willen. Das ist eine sehr merkwürdige Sache, aber durch Römer 11 zu verstehen. Feinde um des Evangeliums willen, aber Geliebte um der Väter willen. Hier Geliebte um des Eides willen, geschworen in Gottes Namen, denn sie haben einen Eid mit dem Gott Israels, stehen in Beziehung zum Gott Israels, deswegen können sie sie nicht antasten. Aber das Volk ist mit Recht wegen dieser Notlüge und wegen der Sünde Israels, den Herrn nicht zu befragen, zornig »...den wir ihnen geschworen haben«. Dies ist auch ein Grund, warum Thomas, der zweifelnde Thomas, von Jesus nicht aufgegeben wurde. Er gibt Jesus auf, er ist gar nicht bei den Jüngern, als Jesus erschienen ist, er hat Jesus aufgegeben, aber Jesus hat ihn nicht aufgegeben, denn Jesus hat einen Bund mit ihm geschlossen, den neuen Bund mit den zwölf Jüngern. Nur bei Judas ist das natürlich etwas anderes, denn dieser hat Jesus verraten. Dies geht etwas weiter, denn er hat sich selbst dazu aufgegeben und seinen Heiland verraten.

»Und die Obersten sprachen weiter zu ihnen: Laßt sie leben, damit sie Holzhauer und Wasserschöpfer seien...« (Berufe für die Armen).

Beide sind Zeichen für Leben in der Bibel. Holz geht durch die ganze Bibel, vom Baum des Lebens bis zum Kreuz, bis Römer 11. Wasserschöpfer, lebendiges Wasser ist ein Thema über Reinheit in der Bibel, es geht alles um fließendes Wasser. Es sind Reinheitshandlungen von Menschen, die unrein sind, denn sie sind unreine Heiden, die ihr ganzes Leben lang an der Reinheit, an dem Leben arbeiten werden.

»...Für die ganze Gemeinde, wie ihnen die Obersten gesagt haben. Da rief sie Josua und redete mit ihnen und sprach: Warum habt ihr uns betrogen und gesagt: Wir sind sehr fern von euch, wo ihr doch mitten unter uns wohnt?«

Wer wohnt mitten unter Israel? Gott wohnt dort, deswegen gehören sie zu Gott, weil sie mitten unter ihnen wohnen. Josua ist im Recht, er ist mit Recht empört, denn sie haben eine Notlüge gebraucht, sie haben gelogen. Josua sagt: »Warum habt ihr das getan?« Die Antwort ist, damit wir leben können.

»Darum sollt ihr verflucht sein und sollt nicht aufhören, Knechte zu sein, die Holz hauen und Wasser schöpfen für das Haus meines Gottes.«

Das ist eine Verfluchung, die aber auch in Segen gewandelt wird. Ist es nicht unser Los, daß wir nicht aufhören, Knechte zu sein? Wir sind Knechte Jesu Christi, der unser Holz ist, sein Kreuz, der unser reines Wasser ist, unsere Reinheit. Eine Verfluchung, ein Bann gegen dieses Volk, aber auch ein Segen, der zum Leben vermittelt. Jesus war auch verflucht, aber er hat diese Verfluchung in Segen verwandelt. Wo ist Jesus verflucht worden? Am Kreuz — »verflucht ist, wer am Holze hängt«. Diese Verfluchung verwandelt er am Kreuz für uns in Segen.

»...für das Haus meines Gottes.«

»Sie antworteten Josua: Es wurde deinen Knechten angesagt, daß der Herr, dein Gott, seinem Knecht Mose geboten habe, daß er euch das ganze Land geben und vor euch her alle Bewohner des Landes vertilgen wolle. Da fürchteten wir sehr...«

»Die Furcht des Herrn ist der Anfang aller Weisheit.«

»...und haben das so gemacht.«

Für unser Leben! Die Bibel bestätigt, es geht hier um Leben. Sie haben Gottesfurcht, und es geht um ihr Leben. Diese Verfluchung bringt sie zum Holz und zum Wasser, zum Dienst für den Herrn, für den lebendigen Herrn.

»Nun aber, siehe, wir sind in deinen Händen; was dich gut und recht dünkt, mit uns zu tun, das tu.«

So ähnlich, aber viel tiefer klingt Ruts Aussage über den Gott Israels: »Nun aber, siehe, wir sind in deinen Händen, Herr Jesu, was dich gut und recht dünkt, mit uns zu tun, das tu« Nicht wahr, das ist ein sehr merkwürdiger, verschlüsselter Text.

...und die Zeit blieb stehen

Als aber Adoni-Zedek, der König von Jerusalem, hörte, daß Josua Ai erobert und an ihm den Bann vollstreckt und mit Ai samt seinem König getan hatte, wie er mit Jericho und seinem König getan hatte, und daß die von Gibeon Frieden mit Israel gemacht hätten und mitten unter ihnen wohnten, fürchteten sie sich sehr; denn Gibeon war eine große Stadt wie eine der Königsstädte und größer als Ai, und alle seine Bürger streitbare Männer. Und Adoni-Zedek, der König von Jerusalem, sandte zu Hoham, dem König von Hebron, und zu Piram, dem König von Jarmut, und zu Jafia, dem König von Lachisch, und zu Debir, dem König von Eglon, und ließ ihnen sagen: Kommt herauf zu mir und helft mir, daß wir Gibeon schlagen; denn es hat mit Josua und den Israeliten Frieden gemacht. Da sammelten sich und zogen hinauf die fünf Könige der Amoriter, der König von Jerusalem, der König von Hebron, der König von Jarmut, der König von Lachisch, der König von Eglon mit ihrem ganzen Kriegsvolk und belagerten Gibeon und kämpften gegen die Stadt. Aber die von Gibeon sandten zu Josua ins Lager nach Gilgal und ließen ihm sagen: Zieh deine Hand nicht ab von deinen Knechten; komm eilends zu uns herauf, rette und hilf uns! Denn es haben sich gegen uns versammelt alle Könige der Amoriter, die auf dem Gebirge wohnen. Da zog Josua hinauf von Gilgal und das ganze Kriegsvolk mit ihm und alle streitbaren Männer. Und der Herr sprach zu Josua: Fürchte dich nicht vor ihnen; denn ich habe sie in deine Hände gegeben. Niemand unter ihnen wird vor dir bestehen können. So kam Josua plötzlich über sie; denn die ganze Nacht war er heraufgezogen von Gilgal. Und der Herr erschreckte sie vor Israel, daß sie eine große Schlacht schlugen bei Gibeon, und sie jagten ihnen nach, den Weg hinab nach Bet-Horon, und schlugen sie bis nach Aseka und Makkeda hin. Und als sie vor Israel flohen den Weg hinab nach Bet-Horon, ließ der Herr große Steine vom Himmel auf sie fallen bis Aseka, daß sie starben. Und von ihnen starben viel mehr durch die Hagelsteine, als die Israeliten mit dem Schwert töteten. Damals redete Josua mit dem Herrn an dem Tage, da der Herr die Amoriter vor den Israeliten dahingab, und er sprach in Gegenwart Israels: Sonne, steh still zu Gibeon, und Mond, im Tal Ajalon! Da stand die Sonne still, und der Mond blieb stehen, bis sich das Volk an seinen Feinden gerächt hatte. Ist dies nicht geschrieben im Buch des Redlichen? So blieb die Sonne stehen mitten am Himmel und beeilte sich nicht unterzugehen fast einen gan-

zen Tag. Und es war kein Tag diesem gleich, weder vorher noch danach, daß der Herr so auf die Stimme eines Menschen hörte; denn der Herr stritt für Israel. Josua aber kehrte ins Lager nach Gilgal zurück und ganz Israel mit ihm.

Josua 10, 1-15

Hier sehen wir viel Ungewöhnliches. Ein zentrales Thema dieses Textes heißt: »Abraham, wer dich segnet, den werde ich segnen, und wer dich verflucht, den werde ich verfluchen.« Diese Aussage bezieht sich wie der vierfache Segen Abrahams als Ganzes auf das Volk Israel, Abrahams Nachkommen, und hat Allgemeingültigkeit bis zur Wiederkunft Jesu. Gibeon, anders als die meisten heidnischen Orte in Israel, in Kanaan, wollte mit Israel einen Bund schließen, denn sie wußten, daß der allmächtige Herr mit Josua und mit Israel war. Sie versuchten durch eine List, diesen Frieden mit Israel zu schaffen, indem sie sich als arme Menschen aus einem fernen Land tarnten, die vom Gott Israels geschickt waren. Die Obersten Israels schließen einen Bund mit ihnen, obwohl der Herr Israels ihnen das ganze Land mitsamt allen Einwohnern gegeben hat. Als Israel erfuhr, daß diese Heiden aus angeblich fernem Lande tatsächlich aus der nahen Stadt Gibeon stammten, gab es einen Aufruhr im Volk, aber es konnte nichts dagegen getan werden, weil die Obersten im Namen des Herrn, des Gottes Israels, diesen Bund geschlossen hatten. Deswegen machte Josua sie zur Strafe »zu Holzhauern und Wasserschöpfern für die Gemeinde und den Altar des Herrn bis auf diesen Tag, an der Stätte, die er erwählen würde«. Aber diese Strafe war zugleich ein Segen, denn sie wurden von Israel nicht ausgerottet. Es war ein Segen, weil sie als Heiden Anteil hatten an dem Kult Gottes, als Holzhauer und Wasserschöpfer. Beides, Holz, Bäume, und Wasser sind in Israel Zeichen des Lebens. Dazu durften die Gibeoniter mitten unter Israel leben. Mitten unter Israel lebte auch der Herr, ihr Gott. Weil Gibeon Israel gesegnet hat, zu diesem Volk stand und seinen Gott erkannte, so segnete Gott sie und errettete sie von den Angriffen ihrer Feinde, die gegen Israel standen.

Wer Israel segnet, wird gesegnet, und wer Israel verflucht wird verflucht, oder anders, wie Jesus es ausdrückte: »Was ihr den Geringsten meiner Brüder tut, das tut ihr mir«. Israel ist unser geringster Bruder. Biblisch gesehen, haben wir unsere Brüder und Schwestern im Fleisch, in unserer Familie, dann unsere Brüder und Schwestern im Geist, die neue und zukünftige Familie in Jesus. Aber Israel, unser ältester Bruder, unser Bruder-im-Werden — denn sie werden insgesamt getauft wenn Jesus wiederkommt —, gerade dieses Israel ist unser geringster Bruder. Sie haben Jesus noch nicht angenommen, aber sie sind trotzdem Brüder, weil sie wie wir vom Herrn erwählt, auserwählt sind.

Pfarrer Mörike aus Flacht/Weissach hat im Dritten Reich vierunddreißig schwäbische Pfarrhäuser für Juden auf der Flucht geöffnet, für verfolgte Juden, die versuchten, sich vor ihren Bedrängern zu retten. Mörike selbst hat einen dieser Juden aus Berlin in seine Gemeinde aufgenommen, ihn als geflüchteten Berliner, nicht als Juden, ausgegeben. Dieser Berliner Jude lebte öffentlich in Mörikes Gemeinde. Wir wissen, wie Weissach, wie Flacht mit vollen Kirchen, mit den Weissacher Tagen gesegnet worden ist. So ging es auch anderen Gemeinden in Deutschland, die sich so verhalten haben. Einer meiner Freunde erzählte mir, daß er in seiner Gemeinde eine Erweckung erlebt hatte. Er konnte es nicht erklären, aber nachdem er von dieser Gemeinde weggegangen war, erfuhr er, daß auch hier Juden versteckt waren. »Abraham, wer dich segnet, den werde ich segnen, und wer dich verflucht, den werde ich verfluchen.«

Josuas Lager war in Gilgal, und wir wissen sehr genau laut Josua 3, daß die zwölf Steine, auf denen die Priester standen, als der Jordan dort trockengelegt wurde, nach Gilgal gebracht wurden. Stein bedeutet in der Bibel Tod. Füße bedeutet etwas, das an der Erde klebt, bedeutet wie bei Jesu Fußwaschung auch den Tod. Auch dieser Fluß bedeutete in seiner Größe genau wie das Schilfmeer für Israel den Tod. Aber dieser Fluß wurde gespalten wie das Schilfmeer, damit das Volk Israel durchgehen konnte zum neuen Leben, zum Heiligen Land. Der Tod wird hier wie beim Schilfmeer, zeichenhaft gespalten, damit neues Leben entstehen kann: Eine Vordeutung von Jesu Kreuz und Taufe, denn wir sind in Jesu Tod getauft, ursprünglich unter Wasser, und dann aus dem Tod, aus dem Wasser herausgeholt, zeichenhaft für die Auferstehung, für neues Leben. Gerade als Josua zum Kampf um Gilgal, wo diese zwölf Steine waren, gerufen wurde, schickte Gott vom Himmel seine

Steine, Hagelsteine, um mehr Feinde zu töten als Josua und die Israeliten.

Warum geschehen solch große Wunder hier, diese Steine und dann das Stillstehen von Sonne und Mond? Es bedeutet Zeitlosigkeit, bis die Schlacht zu Ende ist. Die Könige kamen vor allem aus Jerusalem und Hebron, den zwei heiligsten Städten Israels. In Hebron waren die Erzväter begraben, und David wurde dort offiziell als König Israels gesalbt. Zu Jerusalem wird dann Jesus Christus gekreuzigt, dort wird er auferstehen, und dort wird auch der Heilige Geist über die Gemeinde Jesu ausgegossen.

Als Jesus gekreuzigt war — und das ist die Mitte der Zeit, alles was vorher kam, führt dazu hin, und alles was danach entsteht, kommt aus der Kraft von Jesu Kreuz, seiner Erhöhung — kam drei Stunden eine Dunkelheit über das Land, um zu zeigen, daß die ganze Schöpfung um ihren Schöpfer trauerte, daß das Licht der Welt momentan erloschen ist. Hier in der berühmten Schlacht vor Gibeon, bei dem Kampf um die »gerechten Heiden«, die zu Israel gehören und sogar am Kult teilnehmen, wenn auch in bescheidener Art und Weise, bleibt die Zeit stehen, bis Israel gesiegt hat. Damit wird gezeigt, daß der Herr, der Herrscher der Welt und Schöpfer des ganzen Kosmos und der Himmelskörper, auch Schöpfer der Zeit ist, daß er ans Ziel kommen wird für die Heiden, hier vorgedeutet durch die Gibeoniter, und zwar durch sein zeitloses Heil, welches in Jesu Kreuz geschehen wird. Alle Zeit führte dazu hin, und alles, was danach geschieht, kommt aus diesem Ereignis, aus Jesu Kreuz, der Mitte der Zeit, und so blieb hier, als Vordeutung, die Zeit stehen, bis Gott in seinem und Israels Kampf am Ziel war. Dieser Kampf wird in Gott, dem König Israels, in Jesu Christi Sieg am Kreuz damit erfüllt, daß er als auferstandener Herr über die ganze Schöpfung uns seinen Missionsbefehl für alle Völker auf Erden geben konnte.

Deswegen war »kein Tag diesem gleich, weder vorher noch danach, daß der Herr so auf die Stimme eines Menschen hörte« — und zwar bis er auf die Stimme Jesu am Kreuz hörte, auf seine berühmten sieben letzten Worte, welche unter anderem Feindesliebe beinhalten, sein endgültiges persönliches Testament der Liebe und seine letzten vollmächtigen Sätze: »Es ist vollbracht« und »Ich befehle meinen Geist in deine Hände«. Hier wird endgültig erfüllt, was in Gibeon vorgedeutet wird: Gottes Sieg für Israel sowie für die Welt — erfüllt durch Jesus, dem Sohn Davids, diesem David, welcher zu Hebron gekrönt wurde, und diesem Sohn Davids, Jesus, der zu Jerusalem als König der Juden für Israel und für die Völker starb.

Warum ist dieser Text so wichtig für uns persönlich und nicht nur im historischen Sinne? Zu dieser Stunde von Gottes Kampf bleibt die Zeit stehen, oder anders gesagt, diese Zeit hat momentan aufgehört. Lassen wir uns darüber klar sein, daß wir in der Zeit leben, in etwas, das einen Anfang hat und auch ein Ende. Dies bedeutet, daß wir dem Tod entgegenleben, im lebendigen Tod leben. Das ist die Wahrheit, ob wir sie sehen wollen oder nicht. Aber in dem Moment, in dem wir das zentrale Ereignis der Welt, welches in unserer Geschichte nur vorgedeutet wird, nämlich Jesu Kreuz, für uns in Anspruch nehmen — denn er trug unsere Krankheit, unsere Schuld, unseren Tod —, wenn wir sein Angebot für uns in Anspruch nehmen, dann bleibt diese Zeit auch stehen, und der Tod, der Zeitverlauf von uns sterblichen Menschen, hat keine Macht mehr über uns, denn Jesus siegte für uns am Kreuz und bietet uns damit das wahre Leben an. Wer mit ihm lebt, ist im Leben. Wer mit ihm lebt und stirbt, wird sein zeitloses Reich erben.

Oder anders ausgedrückt: Jesus sagte von sich selbst: »Ich bin das Licht der Welt«, aber er sagte auch über uns Jünger, daß wir das Licht der Welt sind. Wie das? In uns selbst haben wir kein Licht, sondern wir bekommen Leben, Klarheit, Reinheit nur durch Jesus. Deswegen sind wir wie der Mond ohne Licht in uns selbst, unser Licht kann allein aus seinem Licht kommen; dann ist er unsere Sonne, unser Licht, daß wir als Abglanz von ihm reflektieren. Hier zu Gibeon bleiben beide, Sonne wie Mond, stehen, denn der Herr siegt für uns. Sein endgültiger Sieg am Kreuz bedeutet das wahre Licht für unsere Dunkelheit, für unsere Finsternis und Sünde. Wer jetzt Jesus Christus als seinen Sieger annimmt, als seinen Herrn und Heiland, wenn er ausharrt bis ans Ende, dem wird das ewige Reich versprochen, das Reich des Lichts, der Reinheit, der Klarheit, das Reich des Friedens, errungen durch Jesu Sieg für Israel und für die Völker, die zu Israel durch Jesus gehören. Zusammen erben wir sein zeitloses Reich, damals vor ca. 3 000 Jahren vorgespielt über dem Himmel zu Gibeon, als Sonne und auch Mond stehenblieben. Gelobt sei Jesus Christus, der Juden König, der Heiden Heiland und der Herrscher über Zeit und Kosmos und Ewigkeit.

»Fürchte dich nicht, ich bin bei dir«

Als aber Jabin, der König von Hazor, das hörte, sandte er zu Jobab, dem König von Madon, und zum König von Schimron und zum König von Achschaf und zu den Königen, die im Norden auf dem Gebirge und im Jordantal südlich von Kinneret und im Hügelland und auf den Hügeln von Dor am Meer wohnten, zu den Kanaanitern im Osten und Westen, den Amoritern, Hetitern, Perisitern und Jebusitern auf dem Gebirge, dazu den Hiwitern am Fuße des Berges Hermon, im Lande Mizpe. Diese zogen aus mit ihrem ganzen Heer, ein großes Volk, so viel wie der Sand am Meer, und sehr viele Rosse und Wagen. Alle diese Könige versammelten sich und kamen und lagerten sich gemeinsam am Wasser von Merom, um mit Israel zu kämpfen. Und der Herr sprach zu Josua: Fürchte dich nicht vor ihnen! Denn morgen um diese Zeit will ich sie alle vor Israel dahingeben und sie erschlagen; ihre Rosse sollst du lähmen und ihre Wagen mit Feuer verbrennen. Da kamen Josua und das ganze Kriegsvolk mit ihm plötzlich über sie am Wasser von Merom und überfielen sie. Und der Herr gab sie in die Hände Israels, und sie schlugen sie und jagten ihnen nach bis Sidon, der großen Stadt, und bis Misrefot-Majim und bis an die Ebene von Mizpe im Osten und erschlugen sie, bis niemand mehr unter ihnen übrigblieb. Da tat Josua mit ihnen, wie der Herr ihm gesagt hatte, und lähmte ihre Rosse und verbrannte ihre Wagen und kehrte um zu dieser Zeit und eroberte Hazor und erschlug seinen König mit dem Schwert; denn Hazor war vorher die Hauptstadt aller dieser Königreiche. Und sie erschlugen alle, die darin waren, mit der Schärfe des Schwerts und vollstreckten den Bann an ihnen, und nichts blieb übrig, was Odem hatte, und er verbrannte Hazor mit Feuer. Dazu eroberte Josua alle Städte dieser Könige mit ihren Königen und erschlug sie mit der Schärfe des Schwerts und vollstreckte den Bann an ihnen, wie Mose, der Knecht des Herrn, geboten hatte. Doch die Städte, die auf ihren Hügeln standen, verbrannte Israel nicht; sondern Hazor allein verbrannte Josua. Und die ganze Beute dieser Städte und das Vieh teilten die Israeliten unter sich; aber alle Menschen erschlugen sie mit der Schärfe des Schwerts, bis sie vertilgt waren, und ließen nichts übrig, was Odem hatte. Wie der Herr dem Mose, seinem Knecht, und Mose dem Josua geboten hatte, so tat Josua, daß nichts fehlte an allem, was der Herr dem Mose geboten hatte. So nahm Josua dies ganze Land ein, das Gebirge und alles, was im Süden liegt, und das ganze Land Goschen und das Hügelland und das

Jordantal und das Gebirge Israel mit seinem Hügelland, von dem kahlen Gebirge an, das aufsteigt nach Seïr hin bis nach Baal-Gad in der Ebene beim Gebirge Libanon, am Fuße des Berges Hermon. Alle ihre Könige nahm er gefangen und schlug sie nieder und tötete sie. Er kämpfte aber eine lange Zeit mit diesen Königen. Es war keine Stadt, die Frieden machte mit den Israeliten, ausgenommen die Hiwiter, die in Gibeon wohnten; sondern sie eroberten sie alle im Kampf. So geschah es von dem Herrn, daß ihr Herz verstockt wurde, im Kampf Israel zu begegnen, damit sie mit dem Bann geschlagen würden und ihnen keine Gnade widerführe, sondern sie vertilgt würden, wie der Herr dem Mose geboten hatte. Zu der Zeit kam Josua und rottete aus die Anakiter von dem Gebirge, von Hebron, von Debir, von Anab und vom ganzen Gebirge Juda und vom ganzen Gebirge Israel, und er vollstreckte an ihnen den Bann mit ihren Städten und ließ keine Anakiter übrig im Lande der Israeliten außer in Gaza, in Gat, in Aschdod; dort blieben einige von ihnen übrig. So nahm Josua das ganze Land ein, ganz so, wie der Herr zu Mose geredet hatte, und gab es Israel zum Besitz, einem jeden Stamm sein Teil. Und das Land war zur Ruhe gekommen vom Kriege.

Josua 11, 1-23

»Als aber Jabin, der König von Hazor, das hörte, sandte er zu Jobab, dem König von Madon, und zum König von Schimron und zum König von Achschaf und zu den Königen, die im Norden auf dem Gebirge und im Jordantal südlich von Kinneret und im Hügelland und auf den Hügeln von Dor am Meer wohnten, zu den Kanaanitern im Osten und Westen, den Amoritern, Hetitern, Perisitern und Jebusitern auf dem Gebirge, dazu den Hiwitern am Fuße des Berges Hermon, im Lande Mizpe. Diese zogen aus mit ihrem ganzen Herr, ein großes Volk, so viel wie der Sand am Meer, und sehr viele Rosse und Wagen.«

Was geschieht hier? Es ist eine Art, all die Macht und Pracht zu zeigen, die die Welt gegen Israel aufbringen kann, eine lange Liste. Es gibt mehrere Stellen in der Bibel, an welchen anhand von langen Listen dargestellt wird, was alles gegen den Herrn spricht. Warum wird hier so eine lange Liste aufgeführt? Erst einmal, um zu zeigen, daß Israel klein ist, die Welt dagegen groß. Zweitens, um darzustellen, was diese Könige überall besitzen. Aber nichts davon wird übrigbleiben. Das bedeutet, daß das Gericht über diese gekommen ist. Eine sehr lange Aufzählung wird hier dargestellt, zum einen, um die Tatsache deutlich zu machen, wie stark die Gegner Israels sind; zum anderen als Aussage, daß dies die Welt ist, die keinen Bestand hat. Was bedeutet das für uns? Auch wir können Listen machen, zum Beispiel von allen unseren Freunden und Bekannten, die nicht an Jesus glauben, von allen, die sagen: »Warum geht man in die Kirche? Warum geht man in die Bibelstunde?«, von all den intelligenten und klugen Leuten, vor denen wir Respekt haben, die aber nein zu Jesus sagen — wir könnten, wenn wir wollten, lange Listen machen, genau wie diese Kriegsliste. Im Grunde genommen geht es darum, zu zeigen, was die Vernunft der Welt, das Machtdenken der Welt, das Realdenken der Welt ist. Solche Listen werden ständig in der Bibel erwähnt, um zu zeigen: Laßt euch nicht von Zahlen beeindrucken. Die tiefgründigste Anwendung findet diese Aussageart in der Eliageschichte. Alles mögliche spielt gegen diesen einen Mann; er geht sogar außer Landes, aber er besitzt dennoch die Macht. Er verläßt das Land, er geht nach Libanon, aber durch den Herrn ist er mächtig. Aber die größte Anzahl von Menschen und Mächten gegen eine einzige Person kommt an einer anderen Stelle vor: in der Kreuzigungsszene Jesu. Ich bin immer sehr beeindruckt davon, wie große Maler diese darstellen. Neulich sah ich von einem Maler aus dem 14. Jahrhundert ein wunderbares Bild: Mitten aus einer riesigen Menschenmenge schaut Jesus, das Kreuz auf sich liegend, heraus; eine große Zahl von Menschen, die sich sehr bedeutend vorkamen und die alle gegen ihn sind. Maria und die Leute, die Jesus nahe standen, aber sind weggeschoben, auf die Seite geschoben. Jesus schaut da fast hilflos von seinem Kreuz herab. Aber was ist die eigentliche Aussage dieser Szene? Wer ist der, der Macht hat, wer ist der, der Zukunft hat? Nicht die angesehensten Männer, sondern gerade dieser Jesus in der schreienden Masse. Die Bibel sagt uns immer wieder, daß wir uns von den Mächten und Kräften dieser Welt nicht einschüchtern lassen sollen. Das ist sehr schwierig. Es war sicher ungeheuer schwierig im Dritten Reich, wirklich zu Jesus zu halten. Es ist sicher auch im Rußland Lenins und Stalins sehr schwierig, wenn man bedenkt, daß Millionen von Menschen nach dem Tod Lenins und auch Stalins überall aus Rußland dorthin pilgerten, wo sie aufgebahrt waren, als Zeichen der Macht dieser Republik, dieses kommunistischen Staates. Da wird eine Schau abgezogen, Macht demonstriert. In dieser Situation muß es für die Christen ungeheuer schwierig gewesen sein, so etwas zu sehen und zu sagen: »Das geht mich nichts an, ich glaube nicht daran, die Menschen können glauben, was sie wollen, ich weiß, was Wahrheit ist.« Wie war die Situation der Urgemeinde? Wie die der Gemeinde in Rom? Wir Christen waren immer eine kleine Minderheit, zusammengesetzt aus verschiedenen Schichten der Bevölkerung — aber im Glauben geeint. Alle möglichen Machtvorstellungen wurden gegen uns ausgespielt. Wie steht das in Beziehung zu der Erfahrung Israels? Uns wurde, Gott sei Dank, von Jugend an deutlich gezeigt, daß es nicht auf die Masse ankommt, sondern auf die Erwählung. Die Welt kann tun, was sie will, das interessiert uns letzten Endes nicht. Was uns interessiert, ist, was der Herr, der Gott Israels, uns zu sagen hat. Ich habe gegenüber meiner Frau schon mehrmals bemerkt, daß die Lage der Christen — der echten Christen, nicht der Namenschristen — heute in Deutschland vergleichbar ist mit der der Juden hier um 1920, sagen wir eine kleine Minderheit, die abseits stand. Teilweise versuchten sie wie Deutsche zu sein, leider. Viele versuchten, ihr Judentum aufzugeben, um als Deutsche akzeptiert, um zur Welt zu werden. In dieser Gefahr befinden wir uns immer, Christen wie Juden. Aber die wahren Juden wußten, daß sie bei ihrer Religion, bei ihrem Gott bleiben, und daß er den Weg für sie kennt. Genauso ist die Lage der heutigen Christen. Lassen Sie sich nicht von Menschenmengen beeindrucken, nicht von sogenannten Wissenschaftlern, von Machtdemonstrationen, durch lange Auflistungen von Mächten und Kräften. Der Herr kommt, auch als Richter. Dies sollten wir an diesem Josuabuch ernst nehmen: Der Herr kommt als Richter, um diese Welt mit dem Schwert zu richten.

Deswegen ist dieses Josuabuch, so blutdürstig es uns auch vorkommen mag, eine sehr realistische Darstellung. Der Herr kommt, und zwar wie es ständig dargestellt wird (z. B. in Offb 19), mit dem Schwert. Er kommt als Richter dieser Welt. Wir sollten darüber nicht frohlocken oder glücklich sein, wenn die Welt gerichtet wird, denn auch wir leben in dieser Welt. Wir sollen nicht die Welt lieben, sondern die Menschen in dieser Welt, sie um Christi willen aus dieser Welt herausholen. Aber wir sollten uns nie von Zahlen beeindrucken lassen. Etwas hat mich neulich sehr bewegt: zwei Konfirmierte, die alleine in den Gottesdienst kamen ohne Freundin, weil sie unter Gottes Wort kommen wollten. So etwas beeindruckt mich ungeheuer: Junge Leute, die einfach wissen, daß sie die Wahrheit hören wollen, daß sie in den Gottesdienst gehen, daß es sie nicht interessiert, ob die anderen im Sportverein sind oder was sie auch machen; sie wollen Gottes Wort hören, und sie brauchen niemanden, der mit ihnen geht, denn sie gehen, um Jesus Christus dort zu begegnen. Das ist eigentlich auch das Bild, das hier vorkommt. Es ist vielleicht schwer verständlich, daß es Orte gibt, in denen nur ein paar Leute in die Kirche gehen. Bei einem Pfarrertreffen in der DDR kam ein Pfarrer zu mir und fing mir zu erzählen an: »Was soll ich tun? Zwei Leute kommen am Sonntag zu mir in die Kirche, manchmal sogar drei.« Die einzige Antwort für ihn ist: Die Engel freuen sich über jeden einzelnen Menschen, der sich bekehrt. Wenn auch nur ein Mensch sich dort bekehrt, dann hat der Gottesdienst einen ungeheuren Wert. Wir sollten nicht von Zahlen, sondern von der Wahrheit ausgehen. Tatsache ist, daß es schon immer so war. Neulich sagte jemand zu mir: »Bedenken Sie, was aus unserem Land geworden ist. Im 19. Jahrhundert war es ein christliches Land. Heute aber sind die Christen in der Minderheit.« Ich glaube aber, daß Deutschland auch im 19. Jahrhundert kein christliches Land war. Es war nur ein Scheinchristentum. Wie viele Leute waren denn wirklich Christen? Jeder war wohl getauft, und man ging auch in die Kirche. Aber das war öfters nur Tradition. Wie sollte man wissen, wieviel Inhalt da in den Herzen war. Die Theologie dieser Zeit beeindruckt mich nicht sehr. Die ganze Auffassung von Gott war positivistisch, fortschrittsgläubig. Ich bin nicht überzeugt, daß es mehr Christen waren, als wir es heute sind. Dies trat in der Vergangenheit nur nicht so stark hervor.

Heute muß man Mut zeigen, um Christ zu sein. Genauso soll es auch sein. Denn es hat immer Mut gekostet, Jude zu sein. Am Ende der Tage kostet es Mut, ein Christ zu sein.

Aber Jesus Christus bietet uns eine Antwort, die keine Philosophie, keine Kaiser oder sonstigen Mächte bieten können, einen Schutz, der stärker ist als jede Macht auf dieser Welt. Deswegen wird hier eine so lange Liste, — wie so oft in der Bibel — aufgeführt. Es ist eine Art darzustellen, aus was die Welt besteht, und andrerseits um zu zeigen, daß sie die Macht nur zum Schein, aber nicht in Wirklichkeit besitzen.

»Diese zogen aus mit ihrem ganzen Heer, ein großes Volk, so viel wie der Sand am Meer, und sehr viele Rosse und Wagen.«

Warum solch ein Wortschatz? Man muß sich den Wortschatz vergegenwärtigen: »...so viel wie der Sand am Meer« erinnert sofort an Abraham und die Verheißungen an Israel. Das bedeutet im Grunde genommen eine Nachahmung von Gottes Verheißungen an sein Volk. Die Welt kann auch nachahmen, wie hier Gottes Verheißung. Die Zauberer, die Weisen in Ägypten zum Beispiel, können die ersten zwei Plagen nachahmen — auch sie können den Fluß, den Nil, in Blut verwandeln und dann die Frösche entstehen lassen. Aber dann versagen sie. Aber nicht an dem Großen, sondern an den kleinen Stechmücken. Da versagen sie, das können sie nicht nachahmen. Auch eine andere Art von Nachahmung: Ein großes Volk wirst du sein, ein mächtiges Volk. Das sehen wir jetzt deutlich am Ende der Tage in dieser islamischen, fanatischen Bewegung, die Mitverbündete des Antichristen sein wird, eine zentrale Mitverbündete. Es ist ein großes Volk — aber das bedeutet nicht, daß sie auch das letzte Wort haben werden. Genauso deutlich kommt dies an einer anderen Stelle der Bibel vor: im babylonischen Exil. Der Auffassung dieser Zeit gemäß war dessen Gott der Stärkere, der den Krieg gewann. Israel geht zerknirscht ins Exil, liegt total am Boden, weil der ganze Tempel zerstört ist. Nach Meinung vieler Israeliten sind damit die Götzen der Babylonier der wahre Gott. Sie sehen Macht und Pracht; sie sehen, daß sogar der Tempel von Babel erobert worden ist. Dazu kommen noch Propheten und auch prophetische Aussagen wie die von Jesaja, die darlegen, daß dies ein Gericht Gottes gegen sein eigenes Volk ist, indem er menschliche Macht gegen sein Volk einsetzt.

Eine ebenso wichtige Aussage ist die Erwähnung »Rosse und Wagen« — »Rosse« steht in der Bibel für Heidentum. Sehr deutlich wird »Roß« als Zeichen des Heidnischen in 5. Mose 17, wenn über Salomo, seine vielen Frauen, sein Geld und seine Rosse berichtet wird. Es ist ein Zeichen der Macht, einer heidnischen Macht. »Viele Rosse und Wagen« erinnert noch an eine andere Geschichte der Bibel. Dies ist auch das Bild, als die Ägypter Israel verfolgten. Gerade das betont dann später Miriam. »Rosse und Reiter (auf den Wagen) sind ins Meer gestürzt.«

»Alle diese Könige versammelten sich und kamen und lagerten sich gemeinsam am Wasser von Merom, um mit Israel zu kämpfen. Und der Herr sprach zu Josua: »Fürchte dich nicht vor ihnen!«

Wie oft erleben auch wir das? Wenn wir in Not kommen, von Furcht umgeben, innerlich unruhig sind, dann sagt uns der Herr, nicht wörtlich, aber in unserem Herzen: »Fürchte dich nicht, ich bin bei dir.« Wenn ich mich in innerer Not befinde, darf ich spüren, daß der Herr mir Ruhe schenkt, mir die Richtung weist und für mich streitet — mit dem Wort, nicht mit dem Schwert. Furcht ist die Grunderkenntnis des Menschen, der sich allein auf sich selbst verläßt. Er ist voller Angst, weil er auf viele Dinge keine Antwort weiß. Dieses Wissen ist sehr wichtig für die Seelsorge. Deshalb brauchen wir uns von der Welt nicht beeindrucken zu lassen, die sich so verhält, als ob sie Gott nicht nötig hätte. Auch sie lebt in Angst. Vor kurzem hörte ich von einer Frau in der Gemeinde, die wegen Krankheit ans Bett gefesselt ist. Anscheinend trägt sie immer ein Bild von Jesus bei sich, das sie nie aus der Hand gibt. Ich habe diese Frau nie in der Kirche oder in einer Bibelstunde gesehen. Aber — wie mir gesagt wurde — hat sie immer ein Bild von Jesus, ein Kreuz oder ein Kruzifix, bei sich, das für sie sehr wichtig ist. Eine Frau, die man nie in der Kirche sah, von der man nie ein positives Wort über den Glauben gehört hat. Aber sie hat Angst — Angst vor dem Gericht.

Ein Freund erzählte mir von einem berühmten jüdischen Professor. Dieser lebte ständig in der Angst, daß der Herr plötzlich etwas gegen ihn unternehmen würde, daß sich Gottes Hand plötzlich gegen ihn wenden würde. Er wurde ermordet. Eine merkwürdige Geschichte, die zeigt, daß auch weltliche Menschen in Angst leben. Wir aber haben eine Antwort auf die Angst. Jesus kommt in der Not zu uns; wenn wir merken, daß wir uns nicht durchsetzen können, wenn wir die Grenzen unseres Tuns erkennen. Jesus bietet uns Frieden und Führung an. Die Welt hat diese Antwort nicht und versucht deshalb, die Ängste zu überspielen, hier durch Machtdemonstrationen. Sie hatten große Angst vor Israel, denn sie kannten die ganze Geschichte Israels in Ägypten oder auch die gehängten fünf Könige. Die Welt ist voller Angst — diese Erkenntnis sollte uns Mut machen, das Wort Jesu zu ihnen zu bringen. Menschen, die klug und selbstsicher wirken, brauchen uns nicht zu beeindrucken — ich kann dies aus Erfahrung heraus sagen, denn ich legte früher das gleiche Verhalten an den Tag.

»Da kamen Josua und das ganze Kriegsvolk mit ihm plötzlich über sie am Wasser von Merom und überfielen sie.«

Wer überfiel Menschen in der Bibel? Gott. Gott kommt plötzlich. Genauso plötzlich wird auch Jesus wiederkommen. Plötzlich wird Jesus kommen wie ein Dieb in der Nacht. Gott überfällt seine Feinde wie Josua hier Israels Feinde. Er kommt plötzlich, unerwartet. Niemand kann ihn im Griff haben. Ich denke, daß all diese menschlichen endzeitlichen Programme begrenzt sind; wir leben wohl in der Endzeit, aber Gott wird plötzlich kommen, Jesus wird plötzlich kommen, und Dinge werden geschehen, auf die wir nicht vorbereitet sind. Denn Gott läßt sich von uns nicht in ein Schema pressen, sondern er herrscht über uns, deswegen ein Überfall. Es gibt zwei berühmte Geschichten im Alten Testament von Menschen, die überfallen worden sind, überfallen von Gott: Jakob, der Gottesstreiter, und Mose. Zwei zentrale Gestalten vor Jesus, die von Gott überfallen wurden. Aber steckt dahinter nicht auch eine Glaubensaussage? Im Grunde genommen sind wir doch jedes Mal, wenn wir zurück zu Jesus kommen, von ihm überfallen. Dieses gewaltige Gefühl habe ich manchmal. Auch die Welt lebt in uns, nicht nur Christus. Wir sollten nicht heucheln und behaupten, daß wir nur fromme Christen seien, die Welt lebt genauso in uns — dies sagt die Bibel deutlich, und es ist die Realität. Aber plötzlich ist Jesus da, plötzlich spüren wir seine Gegenwart. Das kann ein gewaltiges Erlebnis sein. Ich erlebe ihn, wie er mich plötzlich regelrecht überfällt: mit seinem Wort, mit seiner Gegenwart, mit seinem Bußruf. Das ist der Weg unseres Gottes: plötzlicher Überfall — hier durch seinen Knecht Josua. Gott kommt plötzlich, dann ist alles anders, und wir haben Angst, weil wir seine Gegenwart bemerken.

»Und der Herr gab sie in die Hände Israels, und sie schlugen sie und jagten ihnen nach bis Sidon...«

Sidon ist eine bedeutungsträchtige Stadt: Isebel kommt von dort, der endzeitliche Götze Baal geht aus ihr hervor — und heute ist sie eine Hochburg der PLO.

»...bis Sidon, der großen Stadt, und bis Misrefot-Majim und bis an die Ebene von Mizpe im Osten und erschlugen sie, bis niemand mehr unter ihnen übrigblieb.«

Der Bann wird auf diese Leute gelegt, denn sie haben mit Götzen gelebt. Götzen aber haben eine Auswirkung über das ganze Land, über alles, was geschieht. Sie sind eine permanente Gefahr für Israel, denn sie könnten das Volk zum Abfall von Gott verleiten. In unserer modernen Zeit vernichten wir die Götzen nicht mehr, sondern wir leben mit Hilfe der Kraft des Wortes Jesu mitten unter diesen Götzen. Er gibt uns Kraft, eine Macht mitten unter diesen Götzen aufzurichten. Aber im Alten Testament verlangt Gott, daß alles gesäubert wird. Das bedeutet, daß alles — auch die Menschen — vernichtet werden, weil in allem eine Gefahr für Israel besteht. Einen endgültigen Vernichtungsschlag wird es am Ende der Tage geben, denn die Welt kann nicht zu Gottes Reich gehören. Deshalb sind wir die Botschafter Jesu in der letzten Zeit, der Gnadenzeit, um ihnen das Wort Christi zu bringen, aus Liebe zu bringen, aber mit einer ungeheuren Härte — härter als das Schwert muß das Wort Gottes sein, das Felsen zerschmeißen kann. Die liberale Haltung, die Menschen immer nur zu beruhigen, sie in ihrer Lebensform zu bestätigen, bringt auch uns selbst ins Gericht, denn Gott sagt zu Hesekiel: »Warne die Menschen vor dem Gericht. Wenn du es unterläßt, wirst du mit ihnen ins Gericht kommen« (Hes 3, 17-19). Wir alle sind damit angesprochen.

»Da tat Josua mit ihnen, wie der Herr ihm gesagt hatte, und lähmte ihre Rosse und verbrannte ihre Wagen...«

Rosse — Zeichen für Schnelligkeit in der Bibel, werden bewegungsunfähig gemacht. Diese Wagen, die wahrscheinlich auch Feuer, welches als Waffe benutzt wurde, in sich bargen, werden selbst dem Feuer übergeben: zeichenhaft dafür, daß Gott die gegen ihn gerichteten Angriffe vergilt, indem er sie genau an dem Punkt schwächt, der zwar ihre größte Macht darstellte: die schnellen Pferde werden zur Bewegungslosigkeit verdammt; die Feuerwagen gehen in Flammen auf.

»...und kehrte um zu dieser Zeit und eroberte Hazor.«

Hazor war unter Salomo eine große Festung, heute ist es ein Kibbutz für deutsche Juden. Im alten Israel war es ein Zentrum der Macht.

»...und erschlug seinen König mit dem Schwert; denn Hazor war vorher die Hauptstadt aller dieser Königreiche.«

Hazor nimmt eine wichtige geographische und logistische Stellung ein.

»Und sie erschlugen alle, die darin waren, mit der Schärfe des Schwerts und vollstreckten den Bann an ihnen, und nichts blieb übrig, was Odem hatte, und er verbrannte Hazor mit Feuer.«

Das Bild des Gerichts mit Hilfe von Feuer wird von Jesus übernommen. Es ist ein biblisches Bild vom Gericht. Wir sollten nicht sagen: »Ach, das ist nur das blutdürstige Alte Testament.« Es ist das, was auch auf uns am Ende der Tage zukommen wird. Ein Gericht steht uns bevor: um so strenger, wenn wir Jesu Wort nicht weitergeben, so gut wir können, und ihn bezeugen. Dies erfordert Gebet: Herr Jesus, gib mir die Kraft, wann und wie du willst, dein Wort dieser oder jener Person weiterzugeben. Mit der Tür ins Haus zu fallen, ist keine Mission, es muß betend vorbereitet werden.

»Dazu eroberte Josua alle Städte dieser Könige mit ihren Königen und erschlug sie mit der Schärfe des Schwerts und vollstreckte den Bann an ihnen, wie Mose, der Knecht des Herrn, geboten hatte.« Diese Stelle wird dann in Vers 15 wiederholt: »Wie der Herr dem Mose, seinem Knecht, und Mose dem Josua geboten hatte...«

Josua nimmt nicht die gleichrangige Stellung wie Mose ein. Er ist sehr wichtig, aber nicht gleichrangig mit Mose. Diese Rangfolge — daß der Nachfolger das Vorhaben des ranghöheren Vorgängers ausführt — findet sich auch später noch einmal wieder: David und Salomo beim Tempelbau — David hatte den Plan des Tempelbaus, aber erst Salomo darf ihn auf Geheiß des Herrn ausführen. Auch Mose steht höher als Josua. Aber Josua handelt im Sinne Moses, dem größten aller Propheten und Vermittler Gottes bis Jesus Christus. Das bedeutet, daß Mose die Hand auf Josua gelegt und ihm damit die Macht und die Führerschaft des Volkes übertragen hat. Hier wird das, was Josua getan hat, durch einen Rückblick auf Mose bestätigt: Mose, der das Gesetz empfangen hat, der das Volk aus der Sklaverei herausgeführt hat, in der Brautzeit durch die Wüste geführt hat. Ein Rückblick und damit die Vollendung.

Auch wir leben mit einer Glaubenstradition, nicht nur mit einem Gott, der uns überfällt, sondern auch in einer Glaubenstradition. Deutlich steht es im 5. Buch Mose geschrieben: »Ihr sollt euren Kindern erzählen die Wunder, die Gott an diesem Volk getan hat.« Auch wir haben zu erzählen vom Alten und Neuen Testament, von allem, was Jesus für uns getan hat und was er täglich für uns persönlich tut. Der eine Aspekt von Gottes Wirken ist geschichtlich

— hier der Rückblick in Beziehung zu Mose. Der andere, das Plötzliche, Sprunghafte, Gott bricht plötzlich in unser Leben hinein. Dieses sind zwei Aspekte wahren Glaubens, die nicht zu trennen sind, die wahre Tradition und gleichzeitig immer wieder die Erneuerung. Beide sind untrennbar in Gott vorhanden.

»Doch die Städte, die auf ihren Hügeln standen, verbrannte Israel nicht, sondern Hazor allein verbrannte Josua.«

Was passiert auf den Hügeln im Nordreich, in den Städten, die nicht verbrannt wurden? Dort bleiben die Götzen, die Israel anstecken werden, bestehen mit dem Hauptgötzen Baal. Auch hier ist wieder Vergangenheit und Zukunft verzeichnet. Das Nordreich, das nördliche Kanaan — die zehn Stämme, die zerstört und vertrieben wurden. Gleichzeitig ist es auch der Ort, an dem Jesus dann später wirkte: Kinneret, See Genezareth.

»Und die ganze Beute dieser Städte und das Vieh teilten die Israeliten unter sich; aber alle Menschen erschlugen sie mit der Schärfe des Schwerts, bis sie vertilgt waren, und ließen nichts übrig, was Odem hatte.«

Warum liegt ständig eine Betonung auf dem Bann als Gottesbefehl? Es ist eine Vordeutung auf den, der den Bann nicht einhält und deshalb verflucht wird: der erste König Israels Saul. Alles hier hat einen historischen Bezug. Die Bibel ist ein historisches Buch. Man bekommt hier einen Vorgeschmack.

»Wie der Herr dem Mose, seinem Knecht, und Mose dem Josua geboten hatte, so tat Josua, daß nichts fehlte an allem, was der Herr dem Mose geboten hatte.«

Nun ist alles vollbracht. Mose hatte gesündigt. Obwohl Mose in vielen Bereichen viel bedeutender ist als Josua, ist dieser der Kriegsheld und handelt jetzt richtig.

»So nahm Josua das ganze Land ein, das Gebirge und alles, was im Süden liegt, und das ganze Land Goschen und das Hügelland und das Jordantal und das Gebirge Israel mit seinem Hügelland, von dem kahlen Gebirge an...«

Dieser Text erinnert in seiner Gestalt, von seiner Satzstruktur her, an den Anfang, als die Feinde Israels aufgezählt wurden. Diese Orte gehörten zu dieser Zeit noch den feindlichen Königen und standen damit gegen Israel. Jetzt hat sich die Situation geändert: Was vormals gegen Israel stand, ist jetzt im Besitz von Israel.

»...von dem kahlen Gebirge an, das aufsteigt nach Seïr hin bis nach Baal-Gad in der Ebene beim Gebirge Libanon, am Fuße des Berges Hermon. Alle ihre Könige nahm er gefangen und schlug sie nieder und tötete sie.«

»Er kämpfte aber eine lange Zeit mit diesen Königen.«

Warum wird hier auf einmal die Zeit erwähnt, die Josua benötigte, um zu siegen? Es soll uns zeigen, daß unser Kampf, unser Glaubenskampf nicht so einfach ist. Es ist nicht eine kurze, einmalige Sache, von der man sagen kann: Schluß jetzt, wir haben gesiegt durch Christus. Es gibt solch eine Einstellung: Wenn man bekehrt ist, dann geht alles leicht. Aber das ist reiner Unsinn, denn, wenn man bekehrt ist, fangen die Schwierigkeiten erst richtig an. Dann wird man auf die Probe gestellt. Bis dahin merkte man nicht, um was es geht. Wenn man die Welt liebt, in der Welt lebt, merkt man es nicht. Ab dem Moment, wenn man bekehrt ist, fängt man erst an zu erkennen, was Kreuzesnachfolge bedeutet.

Es war auch für Israel nicht einfach. Israel steht vor großen Problemen, viele sind vorgedeutet — Sauls Ungehorsam, Baal und die Philister, große Feinde, die sie jahrhundertelang plagen werden. Ebenso ist es mit dem Glauben nicht so einfach. Glauben ist kein Spaziergang. Viele Christen leben mit der Vorstellung: Man bekehrt sich, dann ist der Himmel schon auf Erden, und alles ist gut. Aber so ist es nicht. Gerade dann fangen die Anfechtungen an, dann fängt ein großer Streit in uns selbst an, weil wir immer wieder merken, daß wir nicht so sind, wie Jesus uns wirklich haben möchte. Wir wollen mit Hilfe seiner Kraft ihm immer ähnlicher werden, aber anscheinend machen wir öfters Rückschritte, indem Dinge, die in unserem Leben nicht stimmen, ans Licht gebracht werden. Dies ist im Grunde genommen aber ein Prozeß der Heiligung. Dann fragen wir uns: Bin ich wirklich so? Dann lernen wir, ehrlich mit uns selbst umzugehen, wenn wir manchmal über unsere eigene Person erschrecken; aber gerade diese Tiefen, das aufgedeckte Dunkel ist Schritt für Schritt Heiligung. Denn der stärkste Feind — der Feind in uns selbst, meldet sich immer wieder zu Wort. »Du Satan«, sagt Jesus zu seinem ersten und wichtigsten Jünger, Petrus, »weg von mir, du Satan.«

»Er kämpfte aber eine lange Zeit mit diesen Königen. Es war keine Stadt, die Frieden machte mit den Israeliten, ausgenommen die Hiwiter, die in Gibeon wohnten, sondern sie eroberten sie alle im Kampf. So geschah es vom Herrn, daß ihr Herz verstockt wurde...«

Hier geht es wieder um Verstockung! Diese ist durch die gesamte Bibel bemerkbar. Zuerst ist Pharao verstockt, damit der Gott Israels seine Macht zeigen kann für Israel und für die ganze Welt und so zu seinem Ziel kommen kann: Befreiung. Später sind die Feinde Israels verstockt wie zu Pharaos Zeiten. Und heute? Heute ist Israel selbst verstockt. Bis Jesus dann die endgültige Befreiung für dieses verstockte Volk, sein eigenes, erstgeliebtes Volk, durch seine Wiederkunft bringen wird. In unserer Beziehung zu Israel sollten wir einen Satz nie vergessen: »Sie sind Feinde um des Evangeliums willen, aber Geliebte um der Väter willen.« Dieser Satz, »sie sind Feinde um des Evangeliums willen« hat die Kirchengeschichte geprägt. Heute gibt es viele Leute, die nur den zweiten Teil hören wollen: »Sie sind aber Geliebte um der Väter willen«, und merken nicht, daß sie auch Feinde um des Evangeliums willen sind. Was passiert dann? Man fällt von einem Extrem ins andere und behauptet, sie wären nur Geliebte Gottes, Gottes geliebtes Volk, aber keine Feinde. Aber dann stört einen wieder viel an ihnen: »Ja, aber sie glauben nicht an Jesus, und eigentlich denken sie ganz anders. Manchmal sind sie sehr gesetzlich und manchmal sehr weltlich.« Darüber ist man dann empört und fängt an, wieder zu dem anderen Extrem zurückzugehen, sie nur als Feinde zu sehen. Aber man sollte das Bild Israels von diesem Satz niemals trennen. Beides gehört zu unserer Beziehung zu Israel: Freund und Feind. Das Schwierige an dieser Beziehung ist, daß ein ausgeglichener Mittelweg gefunden werden muß. Denn die Verstockung der Juden ist nicht nur negativ, sondern beinhaltet auch einen positiven Sinn.

Durch die Verstockung Israels geht der Glaube an den Gott Israels, Jesus Christus, in die ganze Welt. Die Erstgeliebten werden die letzten, die aufgenommen werden. Auch diese Verstockung hier hat einen großen positiven Sinn: Gottes Macht zu zeigen.

»So geschah es von dem Herrn, daß ihr Herz verstockt wurde, im Kampf Israel zu begegnen, damit sie mit dem Bann geschlagen würden und ihnen keine Gnade widerführe, sondern sie vertilgt würden, wie der Herr dem Mose geboten hatte. Zu der Zeit kam Josua und rottete aus die Anakiter...«

In Beziehung zu den Anakitern wird immer wieder betont, daß sie Riesen waren.

»...von dem Gebirge, von Hebron, von Debir, von Anab und vom ganzen Gebirge Juda und vom ganzen Gebirge Israel, und er vollstreckte an ihnen den Bann mit ihren Städten und ließ keine Anakiter übrig im Lande der Israeliten außer in Gaza, in Gat, in Aschdod.«

Hebron kommt eine Schlüsselrolle zu. Diese Stadt ist nach Jerusalem die heiligste Stadt Israels — hier ist sie zentral, auch jetzt am Ende der Tage, diese Stadt Kalebs. Gaza, Gat und Aschdod sind drei Städte der Philister, die später den Fünf-Städte-Bund schlossen. Auch die Philister werden als sehr groß beschrieben, und auch sie haben Riesen, zum Beispiel Goliat.

»So nahm Josua das ganze Land ein, ganz so, wie der Herr zu Mose geredet hatte, und gab es Israel zum Besitz.«

Wer ist der Besitzer des Landes? »Er gab es zum Besitz.« Damit wird gezeigt, daß das Land Israel Gott gehört. Es ist eine Leihgabe Gottes an Israel, kein Eigentum. Das bedeutet, daß der Herr über alles verfügt. Gottes Reich gehört nicht uns, sondern es wird uns als Leihgabe von Jesus gegeben. Er verfügt darüber, es ist sein Reich. Israel ist sein Land, es gehört ihm. Heute macht der Privatbesitz des Landes Israel weniger als 10 Prozent aus. Über 90 Prozent des Landes gehört dem Staat, in Vertretung und im Auftrag von Gott.

»...einen jedem Stamm sein Teil.«

Deswegen war es Jesus so wichtig, zwölf Jünger zu wählen. Zu Jesu Zeit gab es keine 12 Stämme mehr in Israel. Zehn waren erloschen oder in alle Himmelsrichtungen vertrieben. Es gab nur noch zwei Stämme, den kleinsten und den größten, Benjamin und Juda. Aus Benjamin gingen Saul und Saulus hervor. Jesus nimmt zwölf Jünger, um zu zeigen, daß Israel jetzt wieder geistlich hergestellt ist. Die nächsten Kapitel berichten über das Land, welches auf die zwölf Stämme verteilt wird. Nur die Leviten bekommen kein Land. Sie sind beim Opfer und Versöhnungsdienst tätig. »Und das Land war zur Ruhe gekommen vom Kriege.« Ja, zur Ruhe kommen — aber, wie bei unserer christlichen Ruhe? Auch wir haben unsere Ruhe. Aber gerade die Zeit der äußerlichen Ruhe — wie zum Beispiel Ferien — ist für viele auch eine Zeit des Nachgrübelns und damit der Angst. Echte Ruhe findet man nur in Gott. Ruhe bedeutet hier, daß Gott mit Israel am Ziel ist. Er hält die Wache. Nur deshalb kann Israel wirklich in Frieden leben.

Der Herr ist mit Israel am Ziel

So hat der Herr Israel das ganze Land gegeben, das er geschworen hatte, ihren Vätern zu geben, und sie nahmen's ein und wohnten darin. Und der Herr gab ihnen Ruhe ringsumher, ganz wie er ihren Vätern geschworen hatte; und keiner ihrer Feinde widerstand ihnen, sondern alle ihre Feinde gab er in ihre Hände. Es war nichts dahingefallen von all dem guten Wort, das der Herr dem Hause Israel verkündigt hatte. Es war alles gekommen.

Josua 21, 43-45

Diesen paar Zeilen in unserer Bibel können wir die Überschrift geben: »Der Herr ist mit Israel am Ziel.« Gerade das bedeutet Schalom; diese Ruhe, daß jetzt keine Feinde mehr gegen Israel stehen. Hier ist Erfüllung: »Es war nichts dahingefallen von all dem guten Wort, das der Herr dem Hause Israel verkündigt hatte. Es war alles gekommen.«

Der große deutsche Renaissancemaler Albrecht Dürer hat in seinem meisterhaften graphischen Werk geschildert, wie ein Ritter auf seinem Pferd durch den Wald reitet. Auf allen Seiten lauert Gefahr auf ihn, aber er bleibt auf diesem schmalen Weg. Dieses Werk können wir mit Israels Wüstenwanderung vergleichen, der Brautzeit Gottes mit seinem erstgeliebten Volk. Israel wird, trotz Versagens jeder Art, immer von dem Herrn geführt — bis das Ziel erreicht ist, das Heilige Land. Zwar konnte die erste Generation wegen ihres Versagens, ihres Ungehorsams, wegen der Herrschaft der Götzen und des Kleinglaubens nicht ins Land gehen. Aber dann, vor der Übernahme von Jericho, vor der Landübernahme, sagte der Herr zu Josua: »Jetzt ist Israel befreit, befreit von den Götzen in Ägypten. Jetzt ist es bereit, das Land zu übernehmen.« Was bedeutet das, am Ende dieses ersten Abschnitts der Wege des Herrn mit Israel?

Als die Israeliten in Ägypten waren, haben sie gelernt, Götzen anzubeten. Das sehen wir deutlich im Tanz um das Goldene Kalb. Goldene Kälber wurden wie goldene Katzen damals in Ägypten angebetet. Israels zwiespältige Beziehung zum Herrn, auch in dieser Brautzeit, als Israel ganz und gar abhängig von dem Herrn war —

in Bezug auf Trinken, Essen, Sonnenschutz und tägliche Führung — zeigte sich in ihrem Murren gegen den Herrn und gegen Mose, trotz wiederholter Wunder. Auch waren sie noch nicht bereit, das Land zu übernehmen, denn immer noch werteten sie mit weltlichen Augen und lebten nicht im Vertrauen auf Gott. Denn obwohl der Herr Israel dieses Land versprochen hatte, maßen zehn der zwölf Kundschafter (die zehn Ungerechten) die großen Menschen, die befestigten Städte, die Kriegsmaschinen der Feinde mit weltlichen Augen, getrübt durch Jahre des Götzendienstes, sie vertrauten dem Herrn und seiner Verheißung nicht. Erst als diese Generation gestorben war, durfte Josua, der allein mit Kaleb an Gottes Verheißung glaubte, das Land übernehmen.

Bevor sie dies konnten, gerade als Vorbereitung für diesen zweiten Weg der Erfüllung von Gottes Verheißungen an sein Volk (nämlich die Landübernahme nach der Wüstenwanderung), hat Gott zwei Bedingungen geboten (Josua 5): die Beschneidung der Männer und das Passafest. Warum diese Gebote als Zeichen für das Ende der Wüstenwanderung und den Anfang der Landübernahme? Der Herr wollte durch die Beschneidung zeigen: Ihr gehört mir. Diese Beschneidung ist eine Art Bluttaufe, bis in die Potenz, bis in die Lebenskräfte hinein. Ich bin eure Kraft, will der Herr sagen. »Meine Kraft ist in den Schwachen mächtig.« Zum anderen feierte Israel das Passa, wie am Abend des Auszugs aus Ägypten. Warum? Passa ist ein Fest der Befreiung, hier wird diese Befreiung vollendet. Denn diese Befreiung bedeutet nicht nur Freiheit von politischer und sozialer Unterdrückung, von Sklaverei, sondern sie ist zugleich und vor allem eine Befreiung vom Götzendienst — »Ihr sollt keine anderen Götter neben mir haben.« Deswegen sollte Israel am dritten Tage nach der Befreiung dem Herrn in der Wüste opfern. Aber diese Befreiung, dieses Passa, erreicht erst seine Zielsetzung, als vor der Landübernahme der Herr zu Josua sagte: Jetzt ist der Götzendienst von Ägypten völlig abgetan.

Aber, trotz dieses Neuanfangs — gerade durch die Anknöpfung an eine Tradition der Befreiung und der Schwachheit im Herrn, — erlebte Israel während der Landübernahme die gleichen Probleme wie in der Wüste. Öfters vertrauten sie dem Herrn nicht, waren ungehorsam; deswegen führte ihr Weg nicht von Sieg zu Sieg, sondern von Sieg über Not und Niederlagen zu neuem Sieg. Hier aber stehen wir am Telos, am Endziel Gottes mit dieser Verheißung. Das Land wurde übernommen. Israel hat Ruhe vor seinen Feinden, die Verheißung ist erfüllt.

Welche Bedeutung kommt dem Weg Israels durch die Wüste zu, trotz Ungehorsam und Götzendienst, zum Heiligen Land, und später Israels Weg ins Heilige Land, dem Ziel, auch hier trotz Zeiten von Ungehorsam und innerlicher Schwäche? Beide Wege, beide Bilder — Wüstenwanderung bis zum verheißenen Land, dann Landübernahme bis hierher ans Ziel — stehen auch sinnbildlich für unser Leben als Christen, wie Dürer das so deutlich gezeigt hat. Jesu Zielsetzung mit uns, welche seine Stimme hören und ihm folgen, nachfolgen, ist die Übernahme seines Landes, seines Reiches, aber den Weg dahin kann man mit einer Wüstenwanderung und auch mit einer Landübernahme vergleichen. Das gesamte Alte Testament ist ein seelsorgerliches Buch für uns Christen, nicht nur in Beziehung zur Wüstenwanderung und Landübernahme.

Wüstenwanderung und Landübernahme haben folgende zentralen Punkte gemeinsam:

1. Der Herr allein führt den Weg, ob mit Hilfe der Wolke in der Wüste oder durch Heiligen Krieg bei der Landübernahme.
2. Es wird uns nur gelingen, wenn wir gehorsam sind.
3. Gefahren lauern überall; äußere Gefahren, wie die Feinde in der Wüste und vor allem im Land, aber hauptsächlich der innere Feind wie Götzendienst, Ungehorsam und Kleinglauben.
4. Die Zielsetzung der Landübernahme wie der Wüstenwanderung ist, daß das Volk von Götzen frei sein soll, das bedeutet, dem Herrn allein gehören — »und sie werden erkennen, daß ich der Herr bin.« Dann können die Feinde von außen keine Gefahr mehr für uns bedeuten. Dann herrscht Frieden, Heil, Schalom, die Ruhe und der Schutz Gottes, ein wahrer Sabbat mit seinem Volk.

Aber seien wir uns darüber im klaren: Unsere Wüstenwanderung oder Landübernahme verläuft nicht leichter als die der Israeliten. Gerade die Menschen in der Bibel, die dem Herrn besonders nahe standen, sind gefallene Menschen gewesen (wie wir zwar alle sind), aber sie sind sich zutiefst bewußt darüber, wie tief gerade sie gefallen waren. So ging es dem Totschläger Mose, dem Ehebrecher und Mörder David, der Hure Maria Magdalena, dem Mörder Paulus.

Zu behaupten, daß wir durch unseren Glauben immer perfekt seien, den anderen eine saubere Weste vorzeigen können, ist nicht nur Selbsttäuschung, sondern kann sogar den Weg zu Jesus Christus, dem Heiland, für andere versperren, wenn sie denken: Ach, diese Frommen sind wirklich zu gut, so kann ich nicht sein.

Nein, unser Weg zu dieser Ruhe, zu diesem Am-Ziel-sein mit dem Herrn, zu dieser Ruhe vor unseren Feinden, auch in uns selbst, zu Gottes Erfüllung seiner Verheißung an uns, geht nur, wie damals mit Israel über Hügel und Täler, über Notlagen und Versuchungen, über Stolpern, Fallen und Wieder-Aufgehoben-werden. Eines aber hier ist zentral: Gottvertrauen, nicht das Vertrauen auf uns selbst und unsere Leistungen und Frömmigkeit. Dieses Gottvertrauen, wie am Ende des ersten Abschnitts, am Ende der Wüstenwanderung, wird immer wieder erneuert, indem es einen wahren und tiefen Anschluß an die Vergangenheit hat. Israel wird beschnitten, wie damals Moses Sohn, um zu zeigen: Ihr gehört mir bis ins Blut hinein — »Meine Kraft ist in den Schwachen mächtig.« Wie Gott damals Mose überfiel, so überfällt er uns heute immer wieder neu durch seine Nähe, durch seine Führung, ja, manchmal sogar durch seine Wunder.

Hier wird gezeigt, daß Glaube auch Gechichte hat, eine wahre, tiefe Tradition der Führung, aber diese Tradition, diese Geschichte, muß immer wieder erneuert, von und durch den Herrn neu belebt werden, wie die Wiederholung von Beschneidung und Passa.

Fassen wir Mut, auch in unserer Wüstenwanderung, in unsere Landübernahme. Fassen wir Mut, weil der Herr für uns kämpfen wird, genau so wie er Josua vor der Landübernahme mit einem bloßen Schwert erscheint. Fassen wir Mut, denn Jesus hat die Sünde, den Teufel und den Tod am Kreuz für uns vernichtet, und er ruft uns immer wieder neu durch sein Wort zu sich. Weil er es vollbracht hat, weil seine Verheißungen nicht leere Worte sind, sondern Erfüllung finden, sollen wir auf unseren Wanderwegen, in unserer Landübernahme Mut fassen, denn der Herr Jesus Christus ist mit uns und für uns. Er wird uns ans Ziel bringen, zu seiner Ruhe, seinem Frieden, seinem Reich. Gelobt sei er!

Ein Heiligtum

Da kehrten zurück die Söhne Ruben, die Söhne Gad und der halbe Stamm Manasse und gingen von den Israeliten weg aus Silo, das im Lande Kanaan liegt, damit sie ins Land Gilead zögen zum Lande ihres Erbes, das sie nach dem Befehl des Herrn durch Mose geerbt hatten. Und als sie zu den Steinkreisen des Jordans kamen, die noch im Lande Kanaan liegen, bauten die Söhne Ruben, die Söhne Gad und der halbe Stamm Manasse dort am Jordan einen Altar, groß und ansehnlich. Als aber die Israeliten sagen hörten: Siehe, der Stamm Ruben, der Stamm Gad und der halbe Stamm Manasse haben einen Altar gebaut an den Grenzen des Landes Kanaan, bei den Steinkreisen des Jordans, an der Grenze des Gebiets von Israel, da versammelte sich die ganze Gemeinde Israel in Silo, um gegen sie zu Felde zu ziehen. Und Israel sandte zu ihnen ins Land Gilead den Pinhas, den Sohn Eleasars, den Priester, und mit ihm zehn Fürsten, aus jeder Sippe der Stämme Israels einen, und jeder war Haupt seiner Sippe über tausend in Israel. Und als sie zu ihnen ins Land Gilead kamen, redeten sie mit ihnen und sprachen: So läßt euch sagen die ganze Gemeinde des Herrn: Wie versündigt ihr euch an dem Gott Israels, daß ihr euch heute abkehrt von dem Herrn und daß ihr euch einen Altar baut und von dem Herrn abfallt? Ist's nicht genug mit der Schuld von Peor, von der wir bis zum heutigen Tag noch nicht gereinigt sind und um derentwillen eine Plage unter die Gemeinde des Herrn kam? Und ihr wendet euch heute von dem Herrn weg. Dann wird es geschehen: heute lehnt ihr euch auf gegen den Herrn, und morgen wird er über die ganze Gemeinde Israel zürnen. Haltet ihr das Land eures Erbes für unrein, so kommt herüber ins Land, das dem Herrn gehört, wo die Wohnung des Herrn steht, und empfangt Erbteil unter uns; aber lehnt euch nicht auf gegen den Herrn und gegen uns, daß ihr euch einen Altar baut außer dem Altar des Herrn, unseres Gottes. Versündigte sich nicht Achan, der Sohn Serachs, am Gebannten, und kam nicht der Zorn über die ganze Gemeinde Israel, obgleich er nur ein einzelner Mann war? Ging er nicht zugrunde wegen seiner Missetat? Da antworteten die Söhne Ruben und die Söhne Gad und der halbe Stamm Manasse und sagten zu den Obersten über tausend in Israel: Der starke Gott, der Herr, der starke Gott, der Herr, weiß es; so wisse es auch Israel: fallen wir ab oder lehnen wir uns auf gegen den Herrn, so helfe er uns heute nicht! Und wenn wir darum den Altar gebaut haben, daß wir uns von dem Herrn abwenden woll-

ten, um Brandopfer oder Speisopfer darauf zu opfern oder Dankopfer darauf darzubringen, so suche es der Herr heim! Haben wir es nicht vielmehr aus Sorge darum getan, daß wir dachten: Künftig könnten eure Söhne zu unsern Söhnen sagen: Was geht euch der Herr, der Gott Israels, an? Der Herr hat den Jordan zur Grenze gesetzt zwischen uns und euch, ihr Söhne Ruben und Gad, ihr habt kein Teil am Herrn. Damit würden eure Nachkommen unsere Nachkommen von der Furcht des Herrn abwenden. Darum sprachen wir: Laßt uns einen Altar bauen, nicht zum Brandopfer noch zum Schlachtopfer, sondern damit er ein Zeuge sei zwischen uns und euch und unsern Nachkommen, daß wir dem Herrn Dienst tun wollen vor ihm mit unsern Brandopfern, Dankopfern und Schlachtopfern, und eure Söhne künftig nicht sagen dürfen zu unsern Söhnen: Ihr habt kein Teil an dem Herrn. Und wir sagten uns: Wenn sie künftig zu uns oder zu unsern Nachkommen so reden würden, so könnten wir sagen: Seht, wie der Altar des Herrn gebaut ist, den unsere Väter gemacht haben, nicht zum Brandopfer noch zum Schlachtopfer, sondern zum Zeugen zwischen uns und euch. Das sei ferne von uns, daß wir uns auflehnen gegen den Herrn und uns heute von ihm abwenden und einen Altar bauen zum Brandopfer und zum Speisopfer und zum Schlachtopfer außer dem Altar des Herrn, unseres Gottes, der vor seiner Wohnung steht. Als aber Pinhas, der Priester, und die Fürsten der Gemeinde, die Obersten über tausend in Israel, die bei ihm waren, diese Worte hörten, die die Söhne Ruben, Gad und Manasse sagten, gefielen sie ihnen gut. Und Pinhas, der Sohn Eleasars, der Priester, sprach zu den Söhnen Ruben, Gad und Manasse: Heute erkennen wir, daß der Herr unter uns ist, weil ihr euch nicht an dem Herrn versündigt habt mit dieser Tat. Nun habt ihr die Israeliten errettet aus der Hand des Herrn. Da kehrten Pinhas, der Sohn Eleasars, der Priester, und die Obersten aus dem Land Gilead von den Söhnen Ruben und Gad ins Land Kanaan zu den Israeliten zurück und sagten's ihnen an. Das gefiel den Israeliten gut, und sie lobten Gott und sagten, daß sie nicht mehr gegen sie zu Felde ziehen wollten, um das Land zu verderben, darin die Söhne Ruben und Gad wohnten. Und die Söhne Ruben und Gad benannten den Altar; denn »Zeuge ist er zwischen uns, daß der Herr Gott ist.«

Josua 22, 9-34

Diesen Text können wir nur verstehen, wenn wir uns zwei Hintergrundfragen vor Augen halten: Wo verläuft die Grenze Israels — im Jordan oder weiter östlich — und warum sollte es nur einen Altar in Israel geben?

Diese beiden Fragen sind nicht leicht zu beantworten. Zwar steht es sehr deutlich geschrieben, daß Ruben, Gad und der halbe Stamm Manasse ihren Teil, das Land östlich vom Jordan, beziehen sollten, aber es kommt genauso deutlich zum Ausdruck, daß mit dem Überqueren des heiligen Flußes, des Jordans, ein neuer Abschnitt beginnt, eben die Übernahme des verheißenen Landes. Beide Traditionen sind grundlegend für ein richtiges Verständnis unseres Textes. Gerade deswegen bauten diese Stämme, Ruben, Gad und der halbe Stamm von Manasse einen Altar am Jordan. Auch in der Teilung des Stammes Manasse sollte die grundsätzliche Einheit zwischen allen Stämmen gezeigt werden, denn in den Augen dieser zweieinhalb Stämme soll diese gottgewollte Einheit untermauert, versiegelt werden.

Aber die anderen Stämme verstehen dieses Zeichen nicht. Sie glauben, daß diese Stämme östlich des Jordans ihren eigenen Altar für sich bauen wollten, getrennt von den anderen Stämmen. Sie erinnern sich zugleich an die Schuld von Peor, wo ein Götze, Baal-Peor, nicht der Gott Israels, angebetet wurde (4. Mose 25), und auch an Achan, der seinen eigenen Teil haben wollte vom gebannten Gut. Hier liegt der Ursprung von zwei Vermutungen der anderen Stämme Israels, der neuneinhalb Stämme — entweder wird dieser Altar benutzt, um Götzen anzubeten, und/oder wird dieser Altar benutzt, um eine Trennung von den anderen Stämmen herbeizuführen, auch wenn dort möglicherweise ebenfalls der Gott Israels angebetet wurde.

Später wurde dieses Problem in Israel sehr wichtig, denn es gab dann verschiedene Heiligtümer, die im Nordreich — wie Bethel, Gilgal und Dan — auch besudelt waren. Der Prophet Amos spricht davon, daß in diesen Heiligtümern im Nordreich sowohl Baal als auch der Gott Israels angebetet wurden. Dieser Streit ist somit eine Vordeutung auf ein später zentral werdendes kultisches und politisches Problem in Israel, welches Nord- und Südreich, Israel und Juda voneinander politisch wie kultisch spaltet, und das dazu führte, daß in den Heiligtümern des Nordreichs auch Baal angebetet wurde.

Im 5. Buch Mose steht deutlich geschrieben, daß es nur ein Heiligtum für das ganze Volk Israel, für alle zwölf Stämme geben soll, aber erst viel später, ein halbes Jahrtausend später, unter dem großen Glaubenskönig Josia, wurde Jerusalem als dieses eine Heiligtum genannt, nachdem das Nordreich, Israel, mit allen Stämmen außer Juda und Benjamin von den Assyrern zerstört worden war. Einfach gesagt, in diesem Streit hier wird der zukünftige Abfall des Volkes Israels durch politische und auch kultische Spaltung vorgedeutet. Zugleich wird hier in der Antwort der zweieinhalb Stämme die richtige Antwort auf dieses Problem vorgegeben: kultische und politische Einheit unter Gottes Volk als Ganzes, ein Zeichen, wie es später der Tempel in Jerusalem sein sollte, für die Einheit des Volkes im kultischen wie im politischen Sinne.

Aber diese Geschichte mit ihrer Problematik von vermutlicher Abgrenzung, Abspaltung unter Gottes Volk und zugleich mit ihrer Antwort auf den Altar als Zeichen ihrer Einheit im Gott Israels, hat eine noch tiefere und weitgehendere Bedeutung für uns Christen heute.

Was allein verbindet uns Christen trotz jeder anderen Lehre, Tradition und Spaltung, als gerade dieses eine, endgültige Zeichen Gottes, sein endgültiger Altar, nämlich Jesu Kreuz? Was wird uns auch mit dem Volk Israel am Ende der Tage verbinden, wenn die Binde von ihren Augen genommen wird und sie Jesus Christus als ihren Herrn und Heiland annehmen? Nichts anderes als dieser einzige endgültige Altar Gottes, nämlich Jesu Kreuz, wo umfassend Brandopfer, Gemeinschaftsopfer, Sühnopfer und Dankopfer endgültig ihren Sinn und ihr Ziel erreichen. Jesu Kreuz steht damit als Zeichen für ganz Israel, die zwölf Stämme und für alle Christen auf Erden — zugleich Erfüllung des Alten und des Neuen Bundes.

Ich glaube, daß wir alle irgendwann einmal erlebt haben, daß wir als evangelische Christen eine tiefe und gemeinschaftliche Beziehung mit unsern katholischen Freunden haben können. Wir wissen, daß trotz des Trennenden in unserer Lehre, in unserem Kult, auch in vielen Auffassungen unserer Kirchen es trotzdem möglich ist, eine tiefe Beziehung zu ihnen zu bekommen. Trotz aller dieser Unterschiede von Lehre, Kirche und auch Frömmigkeit. Wieso? Allein durch dieses eine Zeichen, Jesu Kreuz, diesen Altar, welcher jede Grenze überwindet wie eine Brücke. Ich meine damit nicht, daß wir solche Christen konfessional treffen können, denn was uns trennt, in Beziehung zur Lehre, wie Papst, die Rolle Marias und der Heiligen, die Rolle der Kirche und der Tradition, ist viel tiefer als der Jordan damals zwischen den Stämmen. Was ich sagen will ist, daß wir jetzt persönlich durch Bibellesen, im Gebet, unter dem Kreuz Jesu mit katholischen Christen einen Vorgeschmack der Einheit aller wahren Christen bekommen können, welche nicht jetzt, sondern allein in Gottes Reich wiederhergestellt wird. Wir sollen in unseren katholischen Freunden jenen begegnen, welche kirchlich, kultisch und im Sinne der Lehre ganz andere Wege gehen, aber eine Kenntnis, das Bekenntnis innehaben: Ja, zusammen werden wir Gottes einheitliches Reich ererben, wo sein Kreuz alle Abgrenzungen überwinden wird.

Aber dieser Text mit seiner Aussage soll auch in unserer eigenen Gemeinde eine sehr wichtige Rolle spielen, denn wir sind jetzt, wie damals die zwölf Stämme, eine Einheit, kein Zwiespalt. Damit meine ich, daß wir uns als evangelische Christen selbstverständlich gegen Irrlehre, gegen Zeitgeist, gegen unbiblische Einflüsse in unserer Gemeinde wehren müssen. Aber jeder von uns, welcher persönlich zu Christus berufen ist, welcher von seiner täglichen Führung durch das Wort lebt, ist im Grunde genommen anders. Gott sei Dank! Wir sehen in dieser Vielfalt der Persönlichkeiten die Vielfalt der Schöpferkraft Gottes und die Vielfalt der Möglichkeiten zu ihm zu finden, wie dieser Altar am Jordan, welcher als Zeichen der Einheit diente, wie dieses Kreuz Jesu, welches uns zu Brüdern und Schwestern macht, so wie damals auch in unterschiedlichen Lagen (damals völkisch gesehen, aber jetzt persönlich zu sehen).

Jeder von uns hat seinen besonderen Platz in der Gemeinde. Für manche ist der Hauskreis von zentraler Bedeutung, für andere der musikalische Ausdruck ihres Glaubens, für einen anderen ist es seine Beziehung zum Bibelkreis und für noch einen anderen der Gebetskreis. Solange wir durch das Wort im Gottesdienst und im täglichen Leben einheitlich zusammenwachsen, sollen wir um die verschiedene Betonung unserer persönlichen Frömmigkeit wissen und sie respektieren. Es wird auch, wie es das immer gegeben hat, unter schriftgemäßen Christen Grenzgebiete geben, wie hier am Jordan zwischen den Stämmen, wo wir möglicherweise andere Auffassungen von der Schrift haben können. Hier sollen und müssen wir lernen, unsere Brüder und Schwestern zu respektieren und nicht selbst richtend zu sein. Wir sind schließlich alle verlorene Sünder, gerettet allein durch Jesus Christus und nicht durch uns selbst, unsere Werke, unsere Frömmigkeit. Laßt uns als Gemeinde miteinander wachsen im Glauben, in der Liebe und auch in der Hoffnung.

Dazu können auch Altersunterschiede Grenzen setzen, die aber gegen den Geist des Evangeliums sind. Jeder von uns, der älter ist, sollte versuchen, sich, so gut er kann, in seine Welt als Teenager zurückzuversetzen, um zu erkennen, was für starke Probleme dieses Alter bringen kann. Junge Christen sollten auf uns Graubärte nicht herunterschauen, als ob unser Glaube, der auch durch die Zeit erprobt ist, nur Tradition und Bequemlichkeit beinhalte. Zwar gibt es Gefahren für Gläubige aller Jahrgänge, aber wer in Jesus Christus ist, kennt das Zeichen dieses endgültigen Altars Gottes und weiß, daß wir zueinander gehören.

Letzten Endes ist diese Auffassung und dieses Tun nicht unser Werk. Hier steht am Ende unseres Textes deutlich geschrieben, daß dieser Altar »Zeuge ist zwischen uns, daß der Herr Gott ist«. Das bedeutet jetzt für uns in der Gemeinde, daß wir nicht miteinander verbunden sind wegen unserer besonderen Persönlichkeit, wer uns gefällt oder nicht, sondern daß er, Jesus Christus, sein Kreuz, uns in ihm verbindet. Sein Kreuz zeugt von der Kraft seiner Liebe, seines Friedens und seiner Zusage zu uns: »Denn ich bin bei euch alle Tage bis an der Welt Ende.« In ihm sind wir deswegen neu gemacht zu einer neuen und endgültigen Familie.

Gott rettet auch heute noch

Und nach langer Zeit, als der Herr Israel Ruhe gegeben hatte vor allen seinen Feinden ringsumher und Josua nun alt und hochbetagt war, berief er ganz Israel, seine Ältesten, Häupter, Richter und Amtleute und sprach zu ihnen: Ich bin alt und hochbetagt, und ihr habt alles gesehen, was der Herr, euer Gott, getan hat an allen diesen Völkern vor euch her; denn der Herr, euer Gott, hat selber für euch gestritten. Seht, ich hab euch diese Völker, die noch übrig waren, durchs Los zugeteilt, einem jeden Stamm sein Erbteil, alle Völker, die ich ausgerottet habe vom Jordan an bis zum großen Meer, wo die Sonne untergeht. Und der Herr, euer Gott, wird sie vor euch ausstoßen und vor euch vertreiben, und ihr werdet ihr Land einnehmen, wie euch der Herr, euer Gott, zugesagt hat. So haltet nun ganz fest daran, daß ihr alles tut, was geschrieben steht im Gesetzbuch des Mose, und nicht davon weicht, weder zur Rechten noch zur Linken, damit ihr euch nicht mengt unter diese Völker, die noch übrig sind bei euch, und nicht anruft und schwört bei dem Namen ihrer Götter noch ihnen dient noch sie anbetet, sondern dem Herrn, eurem Gott, anhangt, wie ihr bis auf diesen Tag getan habt. Der Herr hat vor euch große und mächtige Völker vertrieben, und niemand hat euch widerstanden bis auf diesen Tag. Einer von euch jagt tausend; denn der Herr, euer Gott, streitet für euch, wie er euch zugesagt hat. Darum achtet ernstlich darauf um euer selbst willen, daß ihr den Herrn, euren Gott, liebhabt. Denn wenn ihr euch abwendet und diesen Völkern, die noch übrig sind, anhangt und euch mit ihnen verheiratet, daß ihr zu ihnen eingeht und sie zu euch, so wißt, daß der Herr, euer Gott, nicht mehr alle diese Völker vor euch vertreiben wird, sondern sie werden euch zum Fallstrick und Netz werden und zur Geißel für euren Rücken und zum Stachel in euren Augen, bis ihr ausgerottet seid aus dem guten Land, das euch der Herr, euer Gott, gegeben hat. Siehe, ich gehe heute dahin wie alle Welt; und ihr sollt wissen von ganzem Herzen und von ganzer Seele, daß nichts dahingefallen ist von all den guten Worten, die der Herr, euer Gott, euch verkündigt hat. Es ist alles gekommen und nichts dahingefallen. Wie nun all das gute Wort gekommen ist, das der Herr, euer Gott, euch verkündigt hat, so wird der Herr auch über euch kommen lassen all das böse Wort, bis er euch vertilgt hat aus diesem guten Lande, das euch der Herr, euer Gott, gegeben hat. Wenn ihr übertretet den Bund des Herrn, eures Gottes, den er euch geboten hat, und hingeht und andern Göttern dient und sie anbetet, so wird der Zorn des Herrn über euch entbrennen, und ihr werdet bald ausgerottet sein aus dem guten Land, das er euch gegeben hat.

Josua 23, 1-16

Ruhe für das Land in Kapitel 21, dann zweieinhalb Stämme mit diesem Altar, jetzt eine letzte Mahnung, nächstes Mal der Landtag zu Sichem. Merkwürdigerweise ist viel Tempo, viel Bewegung vorhanden, aber auch ständig die Betonung: Jetzt ist alles erfüllt, jetzt herrscht Ruhe, Einheit und Ordnung, das ganze Volk ist zusammen, aber immer mit dem Gefühl: »Wird es auch so bleiben?« Wird dieses Volk sich an die Mahnung Gottes halten? Wird es diesem Gott treu bleiben? Gottes Mahnungen an Israel, was geschehen wird, falls sie ihm nicht gehorchen, ziehen sich durch das gesamte Alte Testament. So zum Beispiel merkt man in dem schrecklichen Kapitel in Leviticus 26: »Ich will euch unter alle Völker zerstreuen, und sie werden euch zertreten, wenn ihr nicht tut, was ich will« was für einen Gott wir haben. Es ist nicht ein Gott, den wir verharmlosen können, aber gerade das ist es, was wir so erfolgreich tun. Gerade dann in meinem Leben, wenn es mir gut geht, wie beispielsweise in den Sommerferien, sorge ich mich, dies steckt vielleicht in jedem von uns. Das macht vielleicht mein Typ aus, aber er ist sicher auch ein jüdischer, ein biblischer Typ. Wenn es uns gut geht, wenn wir das haben, was wir wollen, dann haben wir etwas zu verlieren. Deshalb halten wir Wache, wie mein Dackel die Wache vor der Tür hält; man wird vorsichtig, sehr genau, denkt darüber nach, was alles passieren kann. Man lebt wachsam gegenüber allen Möglichkeiten, wo etwas zerstört werden kann — alles kann sehr schnell zerstört werden, alles was man besitzt. Das ist der Sinn dieses Textes. Alles ist gegeben — aber Vorsicht, die Israeliten sind keine Sklaven mehr, sie sind nicht mehr in der Wüste, sie besitzen das Land, aber es sind Völker in diesem Land, die unrein sind und andere Götter anbeten. In dem Moment, wenn sie mit ihnen in näheren Kontakt kommen, gehen sie zugrunde, denn diese werden sie zum anderen Gott führen, gegen dem ersten und zweiten Gebot, sie werden abfallen. Auch wir sind in unserem Glauben solch einer Gefahr ausgesetzt. Ich sprach einmal darüber, was für mich eine sektiererische Haltung bedeute. Eine junge Frau kam darauf zu mir und sagte: »Aber ich habe so eine Freundin, die abergläubisch ist.« Eine andere sagt: »Mein Mann ist wohl nicht gläubig, aber er wird bestimmt auch gerettet, auch wenn er nicht gläubig ist.« Wie wir doch versuchen, in unserer menschlichen Art, alles nach unseren Wünschen hinzubiegen, nach unseren Wegen, deswegen warnt der Herr, der Gott Israels: Haltet euch fern von diesen anderen Völkern. Sie sind mitten unter euch, sie sind noch nicht vertilgt. Wenn ihr sie heiratet, werdet ihr bald ihre Götter anbeten, die Frauen werden die Männer dann dazu verführen. Wie wahr erwies sich dieses Wort bis hin zu Salomo, Ahab und anderen — Israel fällt ab.

Ohne das erste Gebot ist die ganze Grundlage, die Landübernahme und die Verheißung Gottes hinfällig. Wenn sie andere Götter annehmen, denn das Land Israel gehört Gott, nicht dem Volk Israel, und sie damit anfangen, andere Götter anzubeten, dann ist die ganze Grundlage dieser Landübernahme dahin. Israel braucht dieses Land, weil es niemals eine andere Wahl haben wird. Es gab schon Bestrebungen dahingehend beim zionistischen Kongress am Anfang des 20. Jahrhunderts, als man in Erwägung zog, statt Israel besser ein Land in Ostafrika zu nehmen. Es waren aufgeklärte, moderne National-Juden, keine religiösen Juden, die dies gewählt haben, aber der Herr läßt es nicht zu. Ein Jude kommt nicht zur Ruhe, wenn er nicht in diesem Land ist. Genauso wie ein Christ nicht zur Ruhe kommt, wenn er nicht in Jesus Christus ist. Das alles ist auf das erste Gebot zurückzuführen. Dieses Land gehört dem Gott Israels. Er hat seinem Volk dieses Land gegeben. Unser Hab und Gut als Christen ist Jesus Christus; wenn wir ihn verlassen, dann verlieren wir alles. Erfüllung und Ermahnung zugleich steckt darin. Das ist uns vielleicht sehr unangenehm. Aber es ist auch eine alttestamentliche Art, denn Segen und Fluch gehören dort immer zusammen. Falsch ist folgender Ausweg: Es gibt diese Wege und jene Wege, beide Wege soll man nicht gehen, sondern den Mittelweg wählen. Denn wir müssen wissen, daß wir nicht am Ziel sind, bevor wir in Christus sterben, erst in diesem Moment sind wir am Ziel. Man muß mit Christen, die sagen: »Nichts kann mich gefährden, ich habe den Herrn«, sehr vorsichtig sein. Das entspricht nicht der Wirklicheit. Überall lauern Versuchungen auf uns. Jesus sagte uns: Am Ende der Tage wird die Macht Satans, des Antichristen, so stark, daß, wenn er die Tage nicht verkürzen würde, kein einziger bestehen könnte. Wenn der Herr das selbst sagt, sollte es uns genügend Mahnung und Warnung sein. Deswegen glaube ich, daß diese jüdische Ängstlichkeit und Unruhe in glücklichen, guten Zeiten eine sehr biblische Sache ist. Auch meine Großmutter lebte immer in Angst, weil sie alles hatte: einen tiefen Glauben, eine gute Ehe, Kinder, die mehr oder weniger gehorsam waren, was heute nicht selbstverständlich ist. Gerade weil sie wirklich alles hatte, was man gerne haben möchte, hatte sie ständig Angst, es zu verlieren. So ist es hier mit Israel.

»Und nach langer Zeit, als der Herr Israel Ruhe (Schalom, das ist Ruhe, Frieden) gegeben hatte vor allen seinen Feinden ringsumher und Josua nun alt und hochbetagt war, berief er ganz Israel...«

Merken Sie, »vor allen seinen Feinden« wird Israel Ruhe geschenkt. Wer ist der Feind, der uns am meisten gefährdet? Jesus hat das deutlich am Kreuz definiert. Für Israel war es damals klar, daß die Feinde die Römer waren, die das Volk unterdrückten. Tausende wurden in dieser Zeit wegen Aufständen gegen die Römer gekreuzigt. Sie wollten Befreiung, wie Mose sie damals von den Ägyptern gegeben hatte; das sollte sie ans Ziel bringen. Aber dies war nur eine oberflächliche Definition von Feindschaft. Der stärkste Feind ist immer in uns. Jesus sagt, wir sollen immer zuerst den Balken aus dem eigenen Auge entfernen. Die größte Gefahr kommt selten von außen, sie kommt meistens von innen. Es besteht eine Ehe zwischen Gott und Israel, die Gefahr liegt immer innerhalb dieser Ehe, nicht in dem, was von außen kommt. Die Götzen können nur dann erfolgreich verführen, wenn Israels Beziehung zu Gott nicht intakt ist. Die Gefahr ergreift Besitz von uns, gerade wenn wir es uns bequem machen, gerade wenn wir meinen, es geschafft zu haben, dann sind wir am meisten gefährdet. Einmal sagte ein Jugendlicher zu mir: »Bitte, loben Sie nicht die Jugend, sagen Sie nicht, daß wir so eine große und aktive Jugend haben. Das ist schlecht für uns. Wir wollen nicht gelobt sein.« Ein kluger junger Mann. Die Gefahr steckt in uns. Gerade wenn es uns sehr gut geht, ist die Gefahr besonders schwerwiegend. Wir sehen das vor allem im heutigen Wohlstand. War es wirklich Idealismus, was hinter dem

Dritten Reich stand? Es war Wohlstand, Hitlers ganze Vorstellungen sind rein materialistisch, die nach dem Krieg von den Amerikanern verwirklicht wurden, nicht von Hitler, mit deutschem Fleiß. Wohlstand wurde gefordert. Heute ist man am Ziel damit. Aber was passiert? Man hat sein Häusle, sein Geld auf der Bank, es besteht ein Wohlstand, wie er noch nie in Deutschland vorhanden war — aber gleichzeitig vollzieht sich ein großer Abfall von Gott, man kommt selbst ans Ziel, das ist der große Abfall. Die Gefahr im Erfolg ist viel größer als im Verlust, das ist eine alte biblische Weisheit.

»...berief er ganz Israel...«

Hier geht es wieder um das ganze Land, das ganze Volk, es ist ein Grundbekenntnis Israels: ein Gott, ein Volk, ein Land. Hitler hat dies natürlich in seiner satanischen Art nachgeahmt. Wie hieß es damals? »Ein Reich, ein Volk, ein Führer« — eine satanische Nachahmung von Israels Grundbekenntnis. Hitler war sehr biblisch in seiner üblen, nachgeahmten, satanischen Art und Weise.

»...berief er ganz Israel, seine Ältesten, Häupter, Richter und Amtleute und sprach zu ihnen: Ich bin alt und hochbetagt...«

Dies bedeutet auch, daß ich gesegnet bin. In dieser Zeit, in der Urzeit der Bibel, bei den Patriarchen, galt »alt und hochbetagt« als eine zentrale Segnung. Wer glaubt, wird langes Leben haben. Meine Großmutter hat das auch in ihrer Art so gesehen. Als sie mit 99 Jahren starb, war sie eine alte und betagte Frau, die alles mögliche, auch Wunder erlebt hatte. Wir sehen das aber anders. Die Bibel, auch im Alten Testament, sieht das anders. Warum geht es den Gottlosen so gut? Und warum müssen gerade wir leiden? Dies ist auch alttestamentlich, wie beispielsweise Psalm 73, wie Hiob. Es ist nicht nur neutestamentlich.

»...und ihr habt alles gesehen, was der Herr, euer Gott, getan hat an allen diesen Völkern vor euch her; denn der Herr, euer Gott, hat selber für euch gestritten.«

Manche Leute haben Mitgefühl mit diesen Völkern und sagen: »Was für ein Gott ist das? Es ist sehr unmenschlich, daß diese Völker umgebracht werden sollten.« Wir müssen uns darüber im klaren sein, kein Mitleid aufkommen lassen, wo es fehl am Platz ist. Auch der Römerbrief hört nie auf, von Gottes Zorn zu reden über Menschen, die nicht in Christus sind. Das scheint uns unmenschlich, es paßt nicht zu unserem menschlichen Gefühl von heute, aber es trifft uns, weil auch hier in Westeuropa, in Deutschland, alle möglichen Menschen vom Herrn, dem Gott Israels, weggekommen sind. Aber wer von ihm wegkommt, kommt ins Gericht. Wer wegkommt vom Leben, gelangt nur zum Tod. Es gibt nichts dazwischen.

Mitleid mit jenen zeigt die Blindheit für unsere eigene Lage. Es bedeutet, daß wir Mitleid mit jenen haben, weil wir nicht bereit sind, den Ernst dieses Gottes zu sehen und wie abhängig wir von diesem Gott sind. Der Herr hat für Israel gestritten, er hat für Israel gesiegt. Israel weiß, wie abhängig es vom Herrn ist. In dem Moment, wenn wir das vergessen, fangen wir an, Mitleid mit den Feinden Gottes zu haben, weil wir selbst die Feinde Gottes sind. Das ist eine unangenehme Wahrheit, aber so ist es nun einmal.

Gott gibt auch eine Chance; es gibt solche, die gerettet wurden. Es gibt solche, die mit den Israeliten aus Ägypten mitgekommen sind. Das steht deutlich in der Bibel geschrieben. Ein ganzer Stamm, eine ganze Gruppe hat sich Israel angeschlossen, die Gibeoniter. Die Gelegenheit war da. Sogar eine Hure hat zu Israel gehört, Rahab, von welcher Jesus abstammt. In dem Moment, in dem wir anfangen, ständig dieses mitmenschliche Gefühl zu entwickeln, zeigt sich, daß wir unsere eigene Abhängigkeit von Gott nicht mehr wahrnehmen. Wir sehen nur menschlich und allzu menschlich. Das ist gerade die Zeit, in der wir leben, denn der Mensch ist in unserer Zeit zum Maßstab aller Dinge geworden. Aber das ist Erbsünde. Wir sollen wie Gott sein. Dies ist eine sehr harte, und ich weiß, eine sehr unpopuläre Wahrheit, die ich sage, aber das ist eine biblische Wahrheit.

»...und ihr habt alles gesehen, was der Herr, euer Gott, getan hat an allen diesen Völkern vor euch her; denn der Herr, euer Gott, hat selber für euch gestritten.«

Israel soll es sich nicht bequem machen, denn Gott wird das gleiche an seinem eigenen Volk vollziehen. Meint Josua denn: »Ja, wir Juden, wir siegen, es geht uns wunderbar gut, und alle anderen dürfen untergehen«? Nein! Josua sagt, das gleiche wird Israel passieren, wenn es nicht zu seinem Gott hält. Und ich sage euch: Das gleiche wird dem abendländischen Christentum passieren, und zwar wegen der gleichen Schuld, die auch Israel begangen hat. Ich finde es sehr merkwürdig, was mir neulich eingefallen ist. Der Gott, den

Israel als Messias haben wollte, ist die Form, in der Jesus wiederkommen wird. Ein Machtherrscher, der mit Gewalt Frieden hier auf Erden schafft, so daß die Völker nach Israel hinpilgern und daß das Tausendjährige Friedensreich anbricht. Welchen Gott dagegen wollen die meisten Theologen und sogenannten Christen heute haben? Nicht den Gott, der kommt, sondern den Gott, der schon gekommen ist. Sie hängen nur an dem Lamm, an dem Gekreuzigten. Das ist der Maßstab unseres Lebens. Aber wer ist bereit einzusehen, daß dieses Lamm, dieses geschlachtete Lamm mit dem Schwert wiederkommt, so wie es im Alten wie im Neuen Testament steht, daß seine Wiederkunft mit Gewalt geschieht. Das wollen wenige hören. Wir haben genug von Krieg, genug von Gewalt. Wir gehen genau den gleichen Weg wie Israel bei der ersten Ankunft Jesu. Wir haben die falsche Gottvorstellung in der falschen Zeit. Das ist ein merkwürdiges Paradox. Israel erwartete einen Gott der Gewalt, der Frieden schafft für die Welt durch seine Macht (Ps 2, Jes 2, Jes 11). Das bekommt Israel, wenn Jesus wiederkommt. Wir dagegen wollen und hängen nur an diesem gekreuzigten Lamm und sehen nicht ein, daß dieser Jesus auch ein richtender Gott ist, der auch mit Gewalt kommt in der Form, in der Israel ihn erwartet. Wir haben damit genau das gleiche Problem, das Israel gehabt hat, wir haben uns ein falsches Gottesbild für diese Zeit gemacht. Es ist eine merkwürdige Tatsache, daß sich hier die Geschichte genau wiederholt hat. Hesekiel 34 verdeutlicht, wie die Hirten ihre Herde im Stich lassen: eine genaue Wiederholung im Alten und im Neuen Bund.

»Seht, ich habe euch diese Völker, die noch übrig waren, durchs Los zugeteilt, einem jeden Stamm sein Erbteil, alle Völker, die ich ausgerottet habe, vom Jordan an bis zum großen Meer, wo die Sonne untergeht. Und der Herr, euer Gott, wird sie vor euch ausstoßen und vor euch vertreiben, und ihr werdet ihr Land einnehmen, wie euch der Herr, euer Gott, zugesagt hat.«

Was wäre, wenn Israel gesagt hätte wie die heutigen modernen Menschen: »Das ist unmenschlich, wir tun das nicht, das ist nicht richtig, das Land gehört denen«? So würden die modernen Menschen reden: »Das soll man nicht erlauben, das soll man nicht tun.« Solche Sätze wollen wir nicht hören. Deswegen ist Josua heute nicht sehr populär. Wer redet schon über Josua? Aber genau das verlangt Gott, denn es ist sein Volk, sein Land, das dieses Volk bekommen soll. Außerdem sollen durch dieses Volk zu Gottes Zeit alle Völker auf Erden gesegnet werden. Diese anderen Völker haben dem Heidentum gelebt, und ihre Zeit ist dahin. Deswegen sollten wir nicht stolz sein, sondern uns fürchten, wie Paulus sagte (Röm 11).

Genau dieses Bild wiederholt sich: Es passierte Israel, daß es zur Zeit nach Jesu ausgestoßen und vertrieben wurde — und das wird unserem verfluchten sogenannten christlichen Abendland am Ende der Tage passieren wegen unserer Verfehlung an dem Gott Israels, an Jesus Christus. Auf die Aussage der Juden damals: »Wir sind die Kinder Abrahams«, antwortete Jesus: »Ihr seid die Kinder Satans.« Wir Christen reden genauso wie die Juden zu Jesu Zeit geredet haben: »Wir sind Christen, wir sind getauft, nichts kann uns geschehen.« Aber das ist nicht wahr. Die Juden wissen das nur allzu genau. Dieses ständige Reden über den lieben, guten und süßen Gott — wenn ich die Bilder von Auschwitz vor Augen habe, dann muß man mir wirklich genau erklären, daß dieser Gott nur lieb und gut und süß ist, — er hat nie einen Finger gerührt —, denn wir haben es mit einem ernstzunehmenden Gott zu tun. Wir sollten ihn endlich ernstnehmen.

Alles wird vermenschlicht und an menschlichen Maßstäben gemessen. Das ist eine neue Art von Heidentum unter uns. Grundwahrheit ist aber: »Die Furcht des Herrn ist der Anfang aller Weisheit.« Wir haben nur Zukunft in Jesus Christus. Warum? Weil er uns so geschaffen hat, daß wir nur in ihm Frieden haben — ohne ihn nicht. Was heute über Humanität, Liberalität usw. gesagt wird, ist auch nur ein Versuch, unser eigenes, selbstsüchtiges Leben mit schönen Gedankenbildern zu überdecken, damit wir tun können was wir wollen. Der unbegrenzte Mensch, — wir sind die Herren der Welt! In dem Moment, in dem Gott nicht im Mittelpunkt steht, sind wir im Mittelpunkt. Es gibt kein Dazwischen.

»Und der Herr, euer Gott, wird sie vor euch ausstoßen und vor euch vertreiben, und ihr werdet ihr Land einnehmen, wie euch der Herr, euer Gott, zugesagt hat. So haltet nun ganz fest daran, daß ihr alles tut, was geschrieben steht im Gesetzbuch des Mose...«

Was ist unser christliches Gesetzbuch? »Mose sagte euch, ich aber sage euch« — unser christliches Gesetzbuch, die Wegweisung zum

Leben, Thora, ist Jesus Christus. Haltet ganz fest an Jesus Christus, sonst kommt das Gericht. So ist das christlich, neutestamentlich zu übersetzen. Das Gesetzbuch Moses ist nicht mehr gültig für uns. Die zehn Gebote können wir vielleicht fleischlich, aber nie im Geist erfüllen, dies zeigte uns Jesus in der Bergpredigt. Jesus steht anstelle des Gesetzes für uns. Wenn wir an Christus festhalten, haben wir Leben, wenn wir nicht an ihm festhalten, bleibt nur der Tod. Eine unmögliche Wahrheit für den modernen, aufgeklärten Menschen, dies zu hören. Aber es ist biblische Wahrheit.

»So haltet nun ganz fest daran, daß ihr alles tut, was geschrieben steht im Gesetzbuch des Mose, und nicht davon weicht, weder zur Rechten noch zur Linken...«

Ich denke nochmal an dieses wunderbare graphische Werk von Dürer »Ritter, Tod und Teufel«. Dort geht jemand auf einem schmalen Weg, links und rechts lauern große Gefahren, er muß diesen geraden, schmalen Weg gehen, aber der Herr zeigt ihm den Weg. Was bedeutet das für uns? Die moderne Theologie ist nicht die einzige Gefahr, genauso gefährlich wird die moderne, irrationale Wundersucht für uns sein. Ein sehr bekannter Pfarrer sagte: »Wunder muß es bei jeder Evangelisation geben, Wunderheilung muß es geben.« Dies zeigt, daß wir über Gottes Geist verfügen wollen — das ist Erbsünde. Ich verfüge über Gottes Geist, ich sage: »Tu Wunder.« »Der Satan ist in dir, laß den Satan heraus aus dir, dann wirst du geheilt.« Das ist total unbliblisch. Wir können nicht von Gott Wunder verlangen. Er vollbringt wohl Wunder, aber zu seiner Zeit, wann und wie er es will. Aber wehe uns, wenn wir sagen, du mußt diese Wunder tun. Dann sind wir selbst Herr, und er ist es nicht mehr. Diese charismatisch-pfingstlerische Bewegung ist für uns heute genauso gefährlich, wie die moderne Theologie und wird immer noch gefährlicher, weil wir in einer Zeit leben, in der die Betonung auf das Irrationale/Suggestive immer stärker wird. »Weder zur Linken noch zur Rechten« — zur Linken steht die moderne Theologie, zur Rechten stehen die Schwärmer.

Nebenbei: Sind wir wirklich die Nachfolger der Apostelgeschichte? Haben wir noch alle Gaben, die in der Apostelgeschichte nötig waren. Dies zu behaupten ist ungefährlich, das gleiche, wie zu behaupten, daß die Israeliten zu Davids Zeit im Schnitt 950 Jahre gelebt haben mußten wie die Urmenschen. Es steht wohl geschrieben, daß die Menschen nach der Schöpfung um 950 Jahre lang lebten. Aber David und Salomo haben nicht mehr so lange gelebt.

Wie erklärte Luther das in der Tiefe? Er sagte: »Wer nahe zu der Schöpfung steht, hat besondere Schöpfungskraft in sich.« Deswegen lebten diese Menschen viel länger. Und wer nahe zu der neuen Schöpfung steht, hat besondere Gaben, die wir heute nicht mehr oder selten haben. Warum haben wir sie nicht mehr? Wegen unserer Schuld an Israel, wegen unserer Schuld vor allem an Jesus, wegen der Zersplitterung und Verflachung der Kirche. Das bedeutet nicht, daß ich an diesen Gaben zweifle. Es wird plötzlich einen geben, der wunderheilen kann, und es wird einen geben, der tatsächlich in anderen Sprachen Jesus Christus verkündigen kann. Aber das zu einer Bewegung zu machen, dies zu verlangen, ist eine Irrlehre. Denn Gott tut dies. Diese Gaben werden plötzlich in einem Menschen sein. Es gab Menschen, die wirklich diese Gaben gehabt haben. Aber zu sagen, das gehört zum Christentum, wir verfügen darüber, bedeutet 2 000 Jahre Kirchengeschichte gleich Null zu machen. Wir stehen am Ende der Tage, und wir stehen in tiefster Schuld und Sünde, wir stehen nicht im »Halleluja — Amen«, das werden wir in Gottes Reich miteinander singen, wenn wir beharren bis ans Ende. Wir stehen in der Kreuzesnachfolge. Jesus hat das ständig betont. »Wer mir nachfolgen will, der nehme sein Kreuz auf sich täglich, verleugne sich selbst und folge mir nach«; »wer beharret bis ans Ende, wird selig«; und »Petrus, als du jünger warst, gürtetest du dich selbst und gingst, wo du hin wolltest; wenn du aber alt wirst, wirst du deine Hände ausstrecken, und ein anderer wird dich gürten und führen, wo du nicht hin willst«, das bedeutet Tod, Märtyrer. Das ist der Weg.

Alle diese Menschen suchten Wahrheit, sie suchten Jesu Leichnam so wie Maria Magdalena, welcher er nach seiner Auferstehung begegnet ist, sie suchten ein Verständnis von Jesu Kreuz wie die Emmaus-Jünger. Sie suchten den gekreuzigten Leib Jesu wie Thomas. Aber nur wenn sie ganz und gar konsequent den Gekreuzigten suchten, hatten sie den Auferstandenen gefunden. Unsere Nachfolge geschieht mit dem Gekreuzigten. Die Nachfolge, in der wir leben, ist die der Passionszeit, aber auch durch Kreuz, Auferstehung und Pfingsten offenbart. Die Zeit des Gartens Eden in unserer Kirchengeschichte ist längst vorbei. Ich verstehe die Sehnsucht dieser Schwärmer danach, sie ist sehr menschlich und sehr fleischlich, aber es ist nicht der Geist Jesu. Ich bezweifle nicht, daß Wunder geschehen. Wir haben Wunder in unserer Gemeinde erlebt. Ich bezweifle auch nicht, daß Gott hier und da ganz ungewöhnliche Sachen vollbringt, aber dies zu einer Bewegung zu machen, dies zu verlangen, auch zu sagen, daß Krankheit vom Satan kommt, das ist sektiererisch, und es ist der Versuch, Gott in den Griff zu bekommen.

»Weder zur Rechten noch zur Linken.« Warum gebe ich heute so eine Warnung? Weil ich bis in mein Innerstes spüre, daß das Ende sehr nahe ist. Wenn das Ende sehr nahe ist, dann ist die Zeit, die auf uns zukommt eine große Probezeit. Der einzige Weg, diese Probezeit zu bestehen, zeigt Jesus in seinem Sämannsgleichnis. Es muß tief gesät werden. Er sät, und es wird durch das Wort gesät — im Bibelkreis, in verschiedenen Kreisen, im Gottesdienst, daß man tiefer und tiefer im Wort Gottes lebt. Aber was sehr schnell aufgeht und keine tiefe Wurzel hat, wird bald verdorrt sein. Das ist Schwärmerei, sie hat keine tiefe Wurzel.

»...damit ihr euch nicht mengt unter diese Völker, die noch übrig sind bei euch, und nicht anruft und schwört bei dem Namen ihrer Götter noch ihnen dient noch sie anbetet...«

Ständig diese Mahnung an das erste Gebot. Alle Gebote hängen von diesem Gebot ab. In dem Moment, in dem wir anfangen, das Wesen, den Namen dieser Götter anzurufen, anzubeten, sind wir verloren. Israel tut dies. Es betet Baal und verschiedene andere Götzen an, bis es dann zugrunde geht. Und was beten wir an? Genau die gleichen Götzen. Dazu das Goldene Kalb, den Götzen Lust, Baal. Nichts anderes, es ist genau eine Wiederholung. Es gibt drei zentrale biblische Götzen — Kaiserkult, Tanz um das Goldene Kalb und Baal — die in Deutschland innerhalb von fünfzig Jahren einer nach dem anderen angebetet wurden. Kaiserkult — Hitler, Tanz um das Goldene Kalb — Nachkriegszeit, Baal — heute. Dies sind gegenwärtige Ermahnungen für Israel und vor allem für uns Christen heute.

»...sondern dem Herrn, eurem Gott, anhangt, wie ihr bis auf diesen Tag getan habt.«

Er gibt ihnen ein sehr gutes Zeugnis, ein besseres, als sie verdienen. Haben wir nicht gelesen, wie oft sie abgewichen sind? Warum gibt er ihnen ein gutes Zeugnis? Weil Gott Abfall erwartet. Er erwartet Momente, in denen wir fern von ihm sind. Aber er gibt uns die Kraft, ihn nochmals zu finden, und er will uns immer weiterführen. Er wartet darauf. Er gibt Israel ein gutes Zeugnis trotz des Abfalls von ihm. Weil der Herr um seine Sünde weiß, wartet er auf Buße. Aber zurück zu dem Herrn, wir sollen uns immer wieder an ihn hängen. Die Verführungen in unserer Welt sind sehr verschieden. Deshalb sollen wir dieses Zentrum nicht vergessen, nicht meinen: »O ja, ich glaube, aber es gibt andere Dinge, die mir mindestens so wichtig sind.« — Nein, der Herr muß das Zentrum bleiben. Dazu gibt er uns die Kraft, und er schenkt uns immer wieder Vergebung.

»...sondern dem Herrn, eurem Gott, anhangt, wie ihr bis auf diesen Tag getan habt. Der Herr hat vor euch große und mächtige Völker vertrieben, und niemand hat euch widerstanden bis auf diesen Tag. Einer von euch jagt tausend; denn der Herr, euer Gott, streitet für euch, wie er euch zugesagt hat.«

Was hat der Herr, unser Gott, Jesus Christus, für uns getan? Er streitet für uns. Er hat den Satan am Kreuz besiegt, das bedeutet auch unsere gefallene Natur. Das bedeutet viel mehr als alles, was der Gott Israels für sein Volk im Land getan hat. Er hat die Urkraft des Bösen am Kreuz besiegt für uns und gegen uns. Deswegen sollen wir ihm danken, ihn preisen und loben und vor allem wissen, daß, wer ihm glaubt leben wird.

Wißt Ihr, welches die zentrale Aussage im ganzen Alten Testament ist? »Ihr sollt erkennen, daß ich der Herr bin.« Was bedeutet das? Ihr sollt wissen, daß er das Zentrum des Lebens und eures eigenen Lebens ist. Was bedeutet Opfer, das Zentrum des Kultes im Alten Testament? Beim Brandopfer gibt man alles hin, legt die Hand auf das Tier als Zeichen dafür, daß dieses Tier für mich in den Tod geht, dann wird das alles Gott hingegeben als Zeichen, daß alles, was ich habe und bin, dem Herrn gehört. Wer ist unser Brandopfer? Der anstelle aller Tieropfer hinging und sich ganz und gar für uns hingegeben hat. Es ist Jesus Christus. Er will, daß wir das wissen und daß wir ihn nicht verharmlosen und sagen: »Ja, vielleicht habe ich dann irgendwann später Zeit für ihn, jetzt gibt es für mich viel wichtigere Sachen; ich habe meinen Beruf, ich habe meine Familie, ich habe so viele Termine usw.« Wenn Jesus nicht im Zentrum ist, wird alles andere letzten Endes nicht stimmen, denn dies alles wird vergehen.

»Einer von euch jagt tausend; denn der Herr, euer Gott, streitet für euch (das ist der Herr Zebaoth, der streitende Gott), wie er euch zugesagt hat. Darum achtet ernstlich darauf um euer selbst willen, daß ihr den Herrn, euren Gott, liebhabt.«

Man möchte sagen, daß dies eine psychologische Unmöglichkeit ist. Erst kommt die Mahnung, dann die Liebe. Kann man Liebe durch Ermahnung gewinnen? Man sagt, das ist ein psychologischer Widerspruch, nicht wahr? Bedenkt, was Gott für euch getan hat, bedenkt einmal alle diese Gefahren, die er besiegt hat, deswegen sollst du ihn liebhaben. Kann Gott zu lieben befohlen werden? Die Antwort ist: Wer wirklich diesen Gott liebhat, braucht diese Ermahnung letzten Endes nicht in dieser Art und Weise: er lebt mit diesem Gott, und manchmal braucht er eine Ermahnung, aber diese massive Ermahnung, die Josua gibt, braucht ein Gläubiger in dieser Art und Weise letzten Endes nicht, weil er weiß, daß dieser Gott seine ganze Macht in Liebe für mich umgesetzt hat. Dies hat das Volk Israel als Volk gewußt. Er hat das Volk aus der Sklaverei gerettet, durch die Wüste geführt trotz jedem Versagen Israels, trotz jedem Abfall. Er hat ihm das Land gegeben, hat ihnen ringsum Ruhe geschenkt. »Laßt uns ihn lieben, denn er hat uns zuerst geliebt.« Aber um diese Liebe zu festigen, muß man erinnert werden. Es ist ein Rückblick, nicht wahr, ein Rückblick auf das, was Gott getan hat. Dies geschieht ständig in der Bibel, im historischen Rückblick. Denken Sie an Ihr Leben. Genauso ist es mit unserer Liebe zu Jesus Christus. Bedenken wir unsere Beziehung zu ihm und schauen dann zurück auf das, was er für uns aus Liebe getan hat. Das bedeutet, daß hier nicht Liebe befohlen wird, denn die Liebe Jesu war schon vorher da. Aber Liebe wird hier begründet, begründet durch Geschichte, durch Leben, durch Ermahnung. Der Herr hat für euch gestritten, der Herr hat euch Ruhe gegeben, der Herr hat euch das Land gegeben, der Herr steht zu euch. Deswegen ist es keine psychologische Unmöglichkeit, daß das Volk den Herrn lieben muß, denn er hat dies alles für es getan. Aber die Ermahnung: fallet nicht weg von diesem Gott, weil er für euch streitet, ist sehr wichtig, denn wenn es für sich selbst streiten müßte, würde es unterliegen. Also ist dies nicht eine Ermahnung zu lieben, denn die Liebe ist schon vorhanden, sondern vielmehr ein Ruf zur Erinnerung an die Vergangenheit, an den historischen Weg mit Jesus Christus, den er mit uns, für uns, bestritten hat. Er hat unsere alte Person getötet, damit wir jetzt mit ihm leben können. Er hat den Satan in uns besiegt und er hat uns in die Nachfolge gerufen. Aber dann folgt auch wieder die Ermahnung: Er hat das getan, vergiß es nicht!

Je tiefer wir gefallen sind, desto schwieriger ist es für uns, zu vergessen. Das so Rührende an Maria Magdalena ist, daß sie zutiefst gefallen war, als Hure mit sieben bösen Geistern geplagt. Sie wußte, daß sie Jesus brauchte. Sie hing so an Jesus, daß es sie sogar zu seinem Leichnam hinzog. Sie kommt in Verwirrung, weil der Leichnam nicht mehr da ist. Je tiefer unser Irrweg, je tiefer unsere eigene Selbstsucht war, je tiefer wir verloren waren wie Maria Magdalena, wie David, wie Mose, wie Paulus, desto tiefer verankert ist diese Liebe, diese Erkenntnis, daß der Herr dies alles für mich getan hat. In meiner Familie gibt es eine Geschichte über einen Mann, einen Verwandten meiner frommen Großmutter. Sein Sohn hatte Gehirnfieber, und die Ärzte sagten alle, daß er nicht überleben würde. Dieser Mann war nicht gläubig, aber er sagte zu dem Gott Israels: »Wenn du meinen Sohn heilst, dann gehöre ich dir, dann bin ich deine Beute.« Der Herr heilte den Sohn und hat dem Vater wahres Leben geschenkt. Der Vater war sich dessen immer bewußt und vergaß es niemals. So sollen wir alle niemals vergessen, daß der Herr Jesus Christus sein eigenes Leben für uns geopfert hat. Rembrandt hat dies in seinem wunderbaren Kreuzigungsbild, das in der Alten Pinakothek hängt, so verdeutlicht, indem er sich selbst darstellt als den, der Jesus tötet. »Ich, ich habe dich getötet...« Wenn wir uns dessen wirklich bewußt sind, dann wissen wir, was dieses Kreuz bedeutet.

»Denn wenn ihr euch abwendet und diesen Völkern, die noch übrig sind, anhangt und euch mit ihnen verheiratet, daß ihr zu ihnen eingeht und sie zu euch, so wißt, daß der Herr, euer Gott, nicht mehr alle diese Völker vor euch vertreiben wird, sondern sie werden euch zum Fallstrick...«

Der Herr läßt diese Völker als eine Mahnung an Israel leben, als eine Art zu sagen, daß sie nicht dorthin gehören, daß dies die Welt ist. Dieses Gebot über die Verheiratung ist für meine Frau eine schwierige Textstelle, denn sie hat als überzeugte Christin einen Juden geheiratet. Wir sind der Meinung, daß wir nur einen überzeugten Christen heiraten sollen. Aber sie tat dies nicht, sie hat einen Juden geheiratet. Das war ein ungeheures Wagnis, so etwas zu tun. Aber der Herr hat es zum Guten gebracht. Dieses Reden über Verheiraten und Nichtverheiraten mit anderen Völkern ist für uns natürlich eine ganz persönliche Sache. Ein Christ soll nur einen überzeugten Christen heiraten. Ja und nein, aber hier für Israel gilt ein klares Nein. Denn hier bedeutet es Heidentum.

»...so wißt, daß der Herr, euer Gott, nicht mehr alle diese Völker vor euch vertreiben wird, sondern sie werden euch zum Fallstrick und Netz werden und zur Geißel für euren Rücken und zum Stachel in euren Augen...«

Warum diese Bilder? Bilder kommen nicht von ungefähr, Bilder haben immer tiefere Gründe. Es gibt nur diese beiden Möglichkeiten. Entweder sind wir verstrickt — ich habe mit Rauschgiftsüchtigen, die zum Glauben an Jesus Christus kamen, erlebt, daß dieses Bild des »Netzes« zentral für sie paßte. Sie hatten sich als total in einem Netz verstrickt gefühlt, als sie rauschgiftabhängig waren. Gerade dieses Bild vom Netz wird auch sehr positiv in der Bibel benutzt, am Beispiel der Menschenfischer. Der Fang, der mit dem Netz gemacht wird, ist eine Beute für Gott.

»Geißel für euren Rücken« — was bedeutet das? Sie werden aus diesem Land vertrieben werden. Zurückschauend ist es das Bild des Frondienstes in Ägypten. Gleichzeitig weist es vorwärts, auf Jesus, der diese Geißel auf sich nimmt. »Und zum Stachel in euren Augen« — dies erinnert an: »Ihr habt Augen, und ihr seht nicht« und »Ihr nehmt den Balken nicht aus eurem eigenen Auge, verblendet seid ihr.«

»...bis ihr ausgerottet seid aus dem guten Land, das euch der Herr, euer Gott, gegeben hat.«

Ein hartes Wort. Lassen wir uns nicht dazu verleiten zu sagen: »Ja, das ist Israel, das kann uns Christen nicht passieren.« Das ist genau die Art, auf welche die Juden zu Jesus gesprochen haben. »Wir sind das Volk Gottes, nichts kann uns passieren.« Das ist keine biblische Rede. Gott wiederholt sich in seinen Gerichten wie in seinen Verheißungen und seiner Gnade.

»Siehe, ich gehe heute dahin wie alle Welt; und ihr sollt wissen von ganzem Herzen und von ganzer Seele, daß nichts dahingefallen ist von all den guten Worten, die der Herr, euer Gott, euch verkündigt hat.«

Mit einem ganzen Amen-Satz endet Josua hier. Alles ist erfüllt, er kann nun sterben. Das Volk Israel soll sich darüber bewußt sein und es am Landtag aufzeigen. »All den guten Worten« — warum Worten? Worte schaffen Leben. Das Wort hat auch mit Verheißungen zu tun. Diese werden dann im Neuen Testament deutlich. Die Verheißungen werden in Christus erfüllt. Alles ist vollendet, nichts bleibt am Ende übrig. Trotzdem gibt es im Alten Testament eine bis jetzt unerfüllte Prophetie, nämlich die prophetischen Aussagen über Israels Zukunft und Jesu Wiederkunft. Diese Aussagen werden erst erfüllt werden.

»Wie nun all das gute Wort gekommen ist, das der Herr, euer Gott, euch verkündigt hat, so wird der Herr auch über euch kommen lassen all das böse Wort (Segen oder Fluch), bis er euch vertilgt hat aus diesem guten Lande, das euch der Herr, euer Gott, gegeben hat.«

Hier geschieht wieder eine scharfe Trennung wie im letzten Gericht. Aber wie denken wir heute darüber? Ja und ja — ja zum Herrn und ja zu anderen Wegen? Die Bibel trifft nie eine solche Aussage. Entweder Segen oder Fluch. Es gibt keinen Mittelweg. Aber wir reden ständig von irgendwelchen Mittelwegen. Ja zu Gott, aber auch ja zur Welt. Es gibt deutlich eine Trennung zwischen Segen und Fluch, jedoch nichts dazwischen. Es wird kein Dazwischen geben — entweder Leben, ewiges Leben oder ewiger Tod, keine Ausnahme, wie sie so oft von uns angewandt wird: Heute war ich müde — oder irgendein Freund ist gekommen, ich hatte nicht die Gelegenheit das zu machen — oder... Jeder hat seine gute Ausrede. Aber dann gibt es keine Ausreden mehr: nur ein entweder — oder. Gott hat das Volk Israel ständig gewarnt, aber das Volk hat nicht gehört. Die Frage ist: Wer warnt uns heute? Israel ist ständig gewarnt worden bis zu der Zeit, als Jesus kam. Dann wurde Israel nicht mehr gewarnt. Seine Hirten haben versagt. Der Mahner zur Zeit Jesu war Johannes der Täufer. Haben wir uns nicht mit dem Weltgeist Freunde gemacht, mit der Aussage: »Wir sind das erwählte Volk Gottes, nichts kann uns geschehen.« Dies ist unsere jetzige Lage vor der Wiederkunft Jesu. Deswegen ist dieser Text so ungeheuer wichtig für uns. Wir wollen es bequem haben, wir haben unser Häusle, unsere Familie, unsere Aufträge. Aber wir brauchen Mahner in dieser Zeit, so wie Hesekiel (Hesekiel, wenn du nicht sagst, was ich dir sage zu diesem abtrünnigen Volk, wirst du selbst mit dem Volk ins Gericht kommen). Das Gericht Gottes steht vor der Tür, entweder — oder. »Wenn ihr übertretet den Bund des Herrn, eures Gottes, den er euch geboten hat, und hingeht und anderen Göttern dient und sie anbetet, so wird der Zorn des Herrn über euch entbrennen (nach seiner Gnade dann sein Zorn), und ihr werdet bald ausgerottet sein aus dem guten Land, das er euch gegeben hat.« Gott sendet Gericht, aber er verläßt den Bund nicht, sogar zur Zeit von Hosea, der sein Kind »Nicht-mein-Volk« nennen mußte. Diese Vorstellung zeigt, wie es wäre, wenn wir unseren Sohn nennen müßten »Nicht-mein-Volk« und die Tochter »Nicht-geliebt«. Trotzdem hält Gott zu diesem Volk. Aber er warnt durch das gesamte Alte Testament: Haltet fest an diesem Bund, sonst seid ihr verloren. Dies bedeutet im Neuen Bund: Haltet fest an Jesus Christus, denn er hat für euch gestritten, er hat euch das Land geöffnet, das Himmelreich, das ihm allein gehört. Haltet fest an ihm, lebt aus Dankbarkeit zu ihm und versucht, so gut ihr könnt, aus seiner Kraft, aus seiner Liebe, dieses Wort weiterzugeben, das Wort, daß in Christus Kraft und Macht ist, so daß Menschen sich bekehren. Um das geht es letzten Endes. Dies ist eine dringende Ermahnung an uns, und deswegen ist dieser Text so ungeheuer aktuell jetzt am Ende der Tage.

Gottes Heilsweg mit Israel

Josua versammelte alle Stämme Israels nach Sichem und berief die Ältesten von Israel, seine Obersten, Richter und Amtleute. Und als sie vor Gott getreten waren, sprach er zum ganzen Volk: So spricht der Herr, der Gott Israels: Eure Väter wohnten vorzeiten jenseits des Euphratstroms, Terach, Abrahams und Nahors Vater, und dienten andern Göttern. Da nahm ich euren Vater Abraham von jenseits des Stroms und ließ ihn umherziehen im ganzen Land Kanaan und mehrte sein Geschlecht und gab ihm Isaak. Und Isaak gab ich Jakob und Esau und gab Esau das Gebirge Seïr zum Besitz. Jakob aber und seine Söhne zogen hinab nach Ägypten. Da sandte ich Mose und Aaron und plagte Ägypten, wie ich unter ihnen getan habe. Danach führte ich euch und eure Väter aus Ägypten. Und als ihr ans Meer kamt und die Ägypter euren Vätern nachjagten mit Wagen und Gespannen ans Schilfmeer, da schrien sie zum Herrn. Der setzte eine Finsternis zwischen euch und die Ägypter und ließ das Meer über sie kommen, und es bedeckte sie. Eure Augen haben gesehen, was ich in Ägypten getan habe. Und ihr habt gewohnt in der Wüste eine lange Zeit. Und ich habe euch gebracht in das Land der Amoriter, die jenseits des Jordans wohnten. Und als sie gegen euch kämpften, gab ich sie in eure Hände, so daß ihr ihr Land einnahmt, und vertilgte sie vor euch her. Da machte sich auf Balak, der Sohn Zippors, der König der Moabiter, und kämpfte mit Israel und sandte hin und ließ rufen Bileam, den Sohn Beors, um euch zu verfluchen. Aber ich wollte ihn nicht hören, sondern er mußte euch segnen, und ich errettete euch aus seinen Händen. Und als ihr über den Jordan gingt und nach Jericho kamt, kämpften gegen euch die Bürger von Jericho, die Amoriter, Perisiter, Kanaaniter, Hetiter, Girgaschiter, Hiwiter und Jebusiter; aber ich gab sie in eure Hände. Und ich sandte Angst und Schrecken vor euch her; die trieben sie vor euch weg, die beiden Könige der Amoriter, und nicht dein Schwert noch dein Bogen. Und ich habe euch ein Land gegeben, um das ihr euch nicht gemüht habt, und Städte, die ihr nicht gebaut habt, um darin zu wohnen, und ihr eßt von Weinbergen und Ölbäumen, die ihr nicht gepflanzt habt. So fürchtet nun den Herrn und dient ihm treulich und rechtschaffen und laßt fahren die Götter, denen eure Väter gedient haben jenseits des Euphratstroms und in Ägypten, und dient dem Herrn. Gefällt es euch aber nicht, dem Herrn zu dienen, so wählt euch heute, wem ihr dienen wollt: den Göttern, denen eure Väter gedient haben jenseits des

Stroms, oder den Göttern der Amoriter, in deren Land ihr wohnt. Ich aber und mein Haus wollen dem Herrn dienen.

Josua 24, 1-15

Wer diesen Text genau liest, merkt sofort: Ja, dieser lange, ausgedehnte historische Überblick über Gottes Heilsweg mit Israel von Abraham bis zur Landübernahme mit seiner besonderen Betonung auf das Schilfmeerwunder und die jetzige Lage, daß das Land endgültig übernommen worden ist, solche historischen Überblicke, historischen Predigten, kennen wir durch die ganze Bibel, ob in den Psalmen, in den Propheten oder im Neuen Testament, wie die letzte Rede von Stephanus. Warum dies?

Unser Herr, der Gott Israels, ist nicht nur ein Herr der Schöpfung, sondern zugleich ein Herr der Geschichte. Er hat seinen Heilsplan für Israel, für die Gemeinde und für jeden von uns, der ihm wirklich gehört. Warum ist aber dieses geschichtliche Wirken Gottes so wichtig für uns, vor allem in einer Zeit, in der wir mehr oder weniger geschichtslos, ohne Geschichtsbewußtsein leben, in einer Zeit, in der wir nach unserer eigenen persönlichen Erfahrung mit dem Herrn rufen? Sehr wichtig ist die Erkenntnis, daß unser Herr ein Herr ist, der Geschichte macht, die Geschichte lenkt, an sein Ziel kommt, weil wir alle uns bewußt sein sollten, daß, gerade weil unser Gott eine Vergangenheit mit uns hat wie mit Israel, er deswegen auch eine Zukunft mit uns hat, eine Zukunft für uns bereitet hat. Wer in der Geschichte wirkt, wer die Geschichte lenkt, der muß gerade jetzt bei uns am Werk sein, gegenwärtig sein. So wird in Israel der Sabbat verstanden, und damit wird eine tiefe und enge Bindung/Verbindung zwischen dem Herrn der Schöpfung und dem Herrn der Geschichte geschaffen. Weil der Herr die Welt erschaffen hat in sieben Tagen, einschließlich seinem Ruhetag, seinem Sabbat, seinem Schalom, ist er gerade jetzt gegenwärtig zum Sabbat mitten unter Israel. So wird die Tür zum Sabbat aufgemacht, um die Braut, den Sabbat, einzulassen, daß Israel mit dem Herrn ruht, weil beide ans Ziel gekommen sind. So wird in der Sabbatfeier eine Zukunftsdimension sichtbar, denn der, der das alles angefangen hat und jetzt mitten unter uns ist, ist der lebendige Gott, er macht die Geschichte. Er geht Israel und jetzt seiner Gemeinde voraus wie durch die Lichtwolke in der Wüste oder wie Jesus uns sagte: »Komm und folge mir nach.« So enthält der Sabbat geschichtliche, aber zugleich gegenwärtige und zukünftige Perspektiven, sogar endzeitliche, mit Blick auf die Zeit, wenn der Messias zu Israel kommen wird (Jesu Wiederkunft), um sein Tausendjähriges Reich hier auf Erden aufzurichten.

Alle Propheten haben diesen historischen Blick, diese tiefe, biblische, historische Kenntnis, wie hier Josua. Deswegen, und gerade deswegen sind sie in der Lage, die Gegenwart in der letzten Tiefe wahrzunehmen, dem Volk jetzt mit Vollmacht zu verkündigen. Hier sehen wir die letzte Tiefe dieser Geschichtsschau, ob in Josua, in den Propheten, in Stephanus' Rede, in der Sabbatfeier oder anderswo in der Bibel. Wer die Vergangenheit gestaltet hat, und zwar als Heilsgeschichte, der ist immer noch am Werke, und er, der lebendige Gott, wird die Gegenwart bestimmen. Er ist gegenwärtig als der, der war, als der, der ist und als der, der kommen wird. Er will unser Gott sein, und wir sollen sein Volk sein.

Gerade dieser Geschichtsüberblick, seine Heilsgeschichte bürgt für seine Gegenwart. Wer unter uns geschichtslos lebt ohne ein tiefes Wahrnehmen von Gottes Heilsgeschichte kann seine Gegenwart nicht mit letzter Konsequenz begreifen; deswegen scheinen die Zeiten ihm öfters hoffnungslos zu sein, denn den wirkenden Gott will er nicht wahrnehmen. Solche Menschen werden sehr leicht von Sekten angezogen, die ihre ganze Betonung auf persönliche Erlebnisse mit dem Herrn setzen, ohne letzten Endes das Wirken dieses Herrn als seinen Weg und in seinem Sinne wahrzunehmen, und zwar für uns. Sie wollen etwas erleben mit dem Herrn, erleben wie und wann sie das haben wollen, dabei gehen sie an dem wahren Wirken des allmächtigen Gottes vorbei. Sie wollen ihre Erlebnisse haben. Sie wollen den Heiligen Geist in ihrem Sinn steuern, aber der Geist solcher Erlebnisse ist weder heilig noch göttlich, sondern nur allzu menschlich. Gerade im Feiern des Heiligen Abendmahls sehen wir Christen am deutlichsten, was der Herr für uns in der Vergangenheit getan hat; wie er, wie damals in Sichem, gegenwärtig ist mit seinem Angebot des Heils; und wie er uns zusichert: »Ich bin bei euch alle Tage bis an der Welt Ende«, wobei endzeitliche Akzente gesetzt werden. Im Feiern des Heiligen Abendmahls erleben wir im geschichtlichen Sinn etwas ähnliches, wie damals der Landtag zu Sichem war oder wie der Ablauf des Sabbats in Israel ist. Jesus Christus, unser Herr und Erlöser, bezeugt sich in seinem geschichtlichen, heilsgeschichtlichen Wirken. Er ist als Gekreuzigter gegenwärtig wie auch bei der Einsetzung des Heiligen Abendmahls am Tage vor seiner Kreuzigung. Aber diese Heilstaten sind wie Gottes Heilstaten damals mit Israel auch gegenwärtig: Es wird ausdrücklich betont, daß Jesus Christus jetzt gegenwärtig ist in Leib und Blut, in Hostien und Wein. Aber in der Abendmahlsfeier gibt es eine tiefe zukünftige Dimension: Die Urgemeinde hat bei dieser Feier immer ausgerufen: »Maranatha — unser Herr kommt.« Gerade weil er gegenwärtig ist durch seine zentrale Heilstat am Kreuz, wissen wir, daß er wiederkommen wird, seine Gerechtigkeit zu vollenden. Er hat's getan, er wird sein Werk nicht liegenlassen. So geschah es in Sichem. Der Herr hat sein Volk durch Irrungen und Wirrungen geführt (so ist auch die Geschichte mit uns, weil wir zeitweilig versagen), aber er kommt ans Ziel: hier die Landübernahme. Er ist gegenwärtig, und er will, daß sein Volk, die Israeliten ihm ihre Zusage geben, indem sie ihm dienen. Er bürgt für die Zukunft gerade durch sein Wirken in der Vergangenheit. Das ist zentral für jeden von uns, nicht unsere psychologische Wahrnehmung. (Abendmahl ist zutiefst gültig, auch wenn wir innerlich ab und zu einmal nichts davon spüren, denn er hat's getan, für uns, sein Kreuz; er kam für seine Jünger ans Ziel, gerade als sie ihn verlassen hatten.) Es hängt letzten Endes nicht davon ab, was wir erleben, sondern was er für uns getan hat und was er weiterhin für uns tun wird. Er hat am Kreuz unsere Schuld und Sünde bis in den Leib hinein erlebt, unsere Gottesferne, die Dunkelheit unserer Wege, und im Heiligen Abendmahl ist dieser geschichtswirkende, erlösende Gott mitten unter uns. Damit bürgt er für unsere Zukunft, wenn wir uns wirklich an ihn halten, »Ja-sagen« zu ihm — »ich aber und mein Haus, wir wollen dem Herrn dienen.« Dieses Ja setzt eine historische Kenntnis des Volkes Israel voraus, der Götzen, welchen sie gedient haben, erst mit Abraham und seinen Vorvätern im Zweistromland und später in Ägypten. Die Nachwirkung dieser Götzen begleitet sie mit dem Herrn in der Wüste: Tanz um das Goldene, ägyptische Kalb, weltliches Denken, das dazu führt, daß sie die Landverheißung zuerst nicht wahrnehmen, und auch zu teilweisem Versagen während der Landübernahme. Wie das Volk später zugleich Gott und Baal anbetete, so tat es auch in dieser Zeit, diesem historischen Abschnitt, welchen Josua in seinem heilsgeschichtlichen Entwurf darstellt.

Und wir? Sind wir wirklich bereit, Jesus Christus ganz und gar zu dienen? Im Sinne unseres Textes und der ganzen Heilsgeschichte Jesu Christi mit Israel und mit uns frage ich euch: Hat er nicht euch, eure Vorvorväter als Heidenvolk zu sich berufen durch die ersten Missionare hier? Hat er nicht euch auch aus der Tiefe der heidnischen Verstricktheit des Aberglaubens herausgeholt, genauso wie er Abraham aus dem Götzendienst im Zweistromland geholt hat? Jesus Christus ging persönlich ans Kreuz für euch wegen eurer Gottesferne, welche er trug als Heil für diese Ferne, den ewigen Tod. »Und er, Jesus Christus, ist am dritten Tage auferstanden von den Toten, ist gesehen worden von Kephas, danach von den Zwölfen, danach ist er von mehr als fünfhundert Brüdern auf einmal gesehen worden, danach von Jakobus, dann von allen Aposteln.«

Dieser Jesus Christus hat jedem von euch das Angebot des Lebens, des wahren und ewigen Lebens durch sein Kreuzesblut in der Taufe angeboten, als ihr noch in Unkenntnis ward wie die Jünger, die vom Kreuz weggeflüchtet sind. Er hat euch das ewige Heil in seiner Auferstehung versprochen, wenn ihr sein Kreuzesangebot annehmt und mit ihm lebt. Viele von euch haben dieses Angebot wahrgenommen, nicht aus eigener, sondern aus seiner Kraft, durch den Heiligen Geist, durch das Wort. Als ihr euren Herrn angenommen habt, lebte trotzdem die Wirkung dieser Götzen weiter in euch. Er hat euch bis hierher geführt, aber wie oft haben wir wie das Volk Israel an ihm versagt. Immer wieder hebt er uns auf und zeigt uns den Weg zu seinem Land, zu seinem Reich. Immer wieder haben wir uns an ihm versündigt, aber er verzagte nicht an uns. Immer wieder rief er uns beim Namen, bei unserem Wesen: »Fürchte dich nicht, ich habe dich erlöst, ich habe dich bei deinem Namen gerufen. Du bist mein.« Wir hören seine Stimme wie er uns versprochen hat: »Meine Schafe hören meine Stimme, und ich kenne sie, und sie folgen mir, und ich gebe ihnen das ewige Leben, und sie werden nimmermehr umkommen, und niemand wird sie aus meiner Hand reißen.« So gab der Herr dem Volk Israel seine Zusage, und er hielt zu seinem Volk trotz jeden Versagens und führte es am Ende der Tage, zu unseren Zeiten, wieder ins Heilige Land in

Erwartung seines Kommens. So steht Jesus Christus jetzt mitten unter uns, der Herr der Geschichte, der Herr des Heils; unser Herr der Geschichte unseres Heils. Und was er für uns am Kreuz getan hat in der Auferstehung und durch sein Wort, bezeugt, daß er lebt, daß er gegenwärtig ist in seinem Heil, auch, daß er unsere Zukunft sein wird. Laßt ab von euren Götzen, eurem verzweifelten Hängen an dem, was vergänglich ist. Wir wollen wie damals Josua und sein Volk antworten: »Ich aber und mein Haus, wir wollen dem Herrn Jesus Christus dienen.«

»Wir wollen dem Herrn dienen«

Josua sprach zum Volk: Ihr könnt dem Herrn nicht dienen; denn er ist ein heiliger Gott, ein eifernder Gott, der eure Übertretungen und Sünden nicht vergeben wird. Wenn ihr den Herrn verlaßt und fremden Göttern dient, so wird er sich abwenden und euch plagen und euch ausrotten, nachdem er euch Gutes getan hatte. Das Volk aber sprach zu Josua: Nein, sondern wir wollen dem Herrn dienen. Da sprach Josua zum Volk: Ihr seid Zeugen gegen euch selbst, daß ihr euch den Herrn erwählt habt, um ihm zu dienen. Und sie sprachen: Ja! — So tut nun von euch die fremden Götter, die unter euch sind, und neigt euer Herz zu dem Herrn, dem Gott Israels. Und das Volk sprach zu Josua: Wir wollen dem Herrn, unserm Gott, dienen und seiner Stimme gehorchen. So schloß Josua an diesem Tag einen Bund für das Volk und legte ihnen Gesetze und Rechte vor in Sichem. Und Josua schrieb dies alles ins Buch des Gesetzes Gottes und nahm einen großen Stein und richtete ihn dort auf unter einer Eiche, die bei dem Heiligtum des Herrn war, und sprach zum ganzen Volk: Siehe, dieser Stein soll Zeuge sein unter uns, denn er hat gehört alle Worte des Herrn, die er mit uns geredet hat, und soll ein Zeuge unter euch sein, daß ihr euren Gott nicht verleugnet. So entließ Josua das Volk, einen jeden in sein Erbteil.

Josua 24, 19-28

»Josua sprach zum Volk: Ihr könnt dem Herrn nicht dienen; denn er ist ein heiliger Gott, ein eifernder Gott, der eure Übertretungen und Sünden nicht vergeben wird.«

Josuas Warnung müssen auch wir Christen sehr ernst nehmen, denn Josuas Gott, der Herr des Volkes Israel, ist auch unser Herr, Jesus Christus, König der Juden und der Heiden Heiland. Christen sollen sehr genau wissen, daß Josuas Warnung keine Redewendung ist, sondern Tatsache, Wahrheit, denn Israel hat seinen Herrn verlassen, und dafür mußte Gottes Volk sehr schwer bestraft werden, wie es in unserem Text und in vielen anderen im Alten und auch im Neuen Testament gezeigt wird. Unser Herr ist nicht nur ein Herr der historischen Führung, der an sein Ziel kommen wird, er ist nicht nur ein Herr, der uns Tag um Tag, Jahr um Jahr führen will, sondern er ist auch »ein heiliger Gott, ein eifernder Gott«. Führen wir Christen uns die Geschichte von Israels Leiden vor Au-

gen und nehmen sie uns zu Herzen, denn diese Geschichte ist zugleich eine Mahnung, Ermahnung an uns Christen. Der Herr duldet keinen Nebenbuhler: »Ich bin der Herr, dein Gott, der ich dich aus Ägyptenland aus der Knechtschaft geführt habe. Du sollst keine anderen Götter haben neben mir.« Oder christlich vertieft: Ich bin der Herr, dein Herr Jesus Christus, der ich dich aus der Knechtschaft der Sünde geführt habe, du sollst keine anderen Götter haben neben mir. Diese Götter sind Wohlstand, Lust, sogenannte »Selbstverwirklichung«, Ideologien jeder Art und Weise, und zugleich das Bestreben, aus Christus machen zu wollen, was uns dient, wie wir ihn haben wollen, ihn gegen das zweite Gebot nach Mose zu unserem eigenen Wunschbild zu formen. Nein, wir sollen dem Herrn dienen!
Dieser Ruf Josuas vor über 3 000 Jahren gilt jedem von uns, gerade dem sogenannten christlichen Abendland insgesamt, wie es damals auch Israel insgesamt als Ruf und als Mahnung bis in die Herzen gegolten hat.

Israel aber rief immer wieder: »Wir wollen dem Herrn dienen.« Israels Ruf — auch wenn er nicht immer befolgt wurde und auch wenn mit diesem Ruf ein letztes und tiefes Versagen zu Palmsonntag verdeutlicht wurde, indem Israel seinem König zujubelte, aber nach ihrem eigenen Sinne, einem König, dem sie dienen wollten, aber wie und wann Israel das wollte — ja, dieser Ruf soll auch unser Ruf sein: Wir wollen dem Herrn Jesus Christus dienen, aber nach seinem Sinn und unter seiner Herrschaft, nicht nach unserem Willen. Wie können wir das tun, heute, jetzt?

Gottesdienst fängt nicht mit Nächstenliebe, sondern wie gesagt mit Gott an. Wenn wir ihm dienen, müssen wir uns zuerst zu ihm bekennen, und zwar nicht mit Lippen, sondern mit dem Herzen. Das bedeutet, daß wir unser Herz, unser Wesen für seinen Ruf an uns öffnen, der hier so deutlich von seinem Diener Josua gehört wurde. Sein Wort ist wahrhaftig, wie Josua es deutlich durch seinen historischen Überblick von Gottes Führung seines Volkes zeigt. Sein Wort ist wahrhaftig, nicht nur in der Geschichte beider Bünde, sondern in unserem Leben selbst. Deswegen gibt der Herr selbst Zeugnis seines Waltens für uns, bevor er unsere Zusage zu ihm verlangt, denn gerade das ist hier passiert: Josua zeigt Gottes Rettung und wunderbare Führung für sein Volk als Zeugnis, daß er der wahre, gerechte und gute Herr dieses Volkes ist, und erst dann verlangt er Israels Antwort auf Gottes Ruf.

Der Herr Jesus Christus hat uns Leben geschenkt, er hat sein Leben, sein unschuldiges Leben für uns am Kreuz geopfert, damit wir Frieden mit dem Vater haben. Durch seine Auferstehung hat er uns das Angebot des neuen und ewigen Lebens bezeugt. Ohne ihn sind wir verloren, orientierungslos jedem Zeitgeist und jeder Mode ausgeliefert, dem ewigen Tod übergeben. Aber mit ihm haben wir Frieden, Führung, Gerechtigkeit und Zukunft. Gott dienen setzt dann eine Kenntnis/Erkenntnis bis tief in unsere Herzen voraus, wie sehr und wie tief er uns dient und dienen will, aber nach seinem Willen, nicht nach unserem. Er weiß viel besser, was gut für uns ist, als wir es selbst wissen. Aus diesem Gottesdienst, ihn in unserem Herzen anzunehmen, weil er so eindringlich von sich durch sein Wort zeugt, dienen wir ihm weiter im Dienst an dem Nächsten. Der Mittelpunkt dieses Dienstes ist Mission. Er hat mich erschaffen, gerettet, geführt, deswegen muß ich, weil ich weiß, wie dringlich das alles ist, meinem Nächsten Zeugnis geben von Gottes Dienst an mir, wie dieser Stein jetzt Zeugnis gibt von Israels Ja zu seinem Gott. Jeder wahre Christ muß weitergeben, zeugen, so gut er kann nach den Gaben, die ihm gegeben sind, weil er weiß, daß ohne Jesus Christus alles, was wesentlich ist, nichtig wäre, und mit ihm alles, was im Leben wesentlich ist, bestätigt wird: das Leben selbst, tägliche Führung, wahre Orientierung, Liebe und Barmherzigkeit, auch Gerechtigkeit und Zukunft. Das alles haben wir in und durch Jesus Christus. Deswegen dienen wir ihm, weil er uns so tief gedient hat und dienen will.

Aber Israels Ja zu dem Herrn gilt als »Zeugen gegen euch selbst, daß ihr euch den Herrn erwählt habt«. Aber dieses Zeugnis ist auch ein Zeugnis des Gerichtes, denn Israel hält nicht, was es verspricht, und sogar Israels bester König, David, bezeugt sein eigenes Todesurteil. Damit ist Israel, auch vertreten durch seinen besten König im Alten Testament, ganz und gar abhängig von Gottes Gnade, von seiner Vergebung. David zeigt uns durch Buße den Weg zurück zu einem Herrn, der auf uns wartet, wie er immer auf seine verlorenen Söhne und Töchter wartet. Aber Gnade, Vergebung bekommen wir wie David nur, wenn wir diesen Weg der Umkehr zum Herrn einschlagen, wenn wir wahre Buße tun. Ja, wir leben aus

Vergebung, nicht aus unserem Zeugnis der Selbstgerechtigkeit und des eigenen Tuns. Auch wenn Josua mahnt, daß der Herr nicht vergeben wird, sprechen so viele Stellen im Alten wie im Neuen Testament dafür, daß Gottes Gnade, seine Vergebung noch viel tiefer reicht als sein Gericht, und daß er viel lieber Gnade und Vergebung erweisen will als das Gericht. Aber wer nicht umkehrt, der bleibt unter Gottes Zorn, und damit werden seine Sünden nicht vergeben werden, wenn er versucht, ohne Gott, ohne das Leben selbst zu leben.

Dann kommt diese so merkwürdige und wichtige Stelle, wo Josua einen Bund für das Volk schließt, eine Erneuerung des Sinai-Bundes durch das Gesetz, besiegelt durch einen Stein, welcher Zeuge sein soll. Dieser Stein wird unter einer Eiche aufgerichtet. Merkwürdig, denn Stein bedeutet im Alten Testament Tod, aber dieser Stein »...soll Zeuge sein unter uns, denn er hat gehört alle Worte des Herrn«. Die Israeliten legen Steine auf ein Grab als Zeichen des Todes, auch der Erinnerung, und in biblischen Zeiten haben sie durch Steinigung getötet, das bedeutet die Besiegelung des Todes durch leblose Steine. Aber über zwölf Steine ging das Volk Israel ins Heilige Land, die zwölf Steine im Jordan, und das Wasser (der Tod) wurde gespalten. Der Priester trug zwölf Steine auf seinem Ephod, um damit die zwölf auserwählten Stämme Israels zu versinnbildlichen. Vor Jesu Grab lag ein großer Stein als Zeuge seines Todes, bewacht von Soldaten. Aber der Tod konnte den lebendigen Herrn nicht halten. Dieser Baum, diese Eiche, bedeutet Leben wie der Lebensbaum im Paradies, wie der gut gepflanzte Baum im ersten Psalm, und dieses Bild des Lebens aus dem Tod wird an Jesu Holz, seinem Kreuz, endgültig bezeugt. Sein Kreuz ist wahres Leben und sprengt damit den Tod, hier den Stein, welcher diesen Tod besiegelt, für diesen Tod endgültig zeugen soll. Wie das Gesetz Moses Wegweisung zum Leben für die Israeliten war, so ist Jesu Kreuz Wegweisung zum wahren Leben für uns, denn es steht an Stelle des Gesetzes, welches Jesus in der Bergpredigt endgültig auslegte und welches ihn dann verflucht hat — »Verflucht ist der, der am Holz (Kreuz) hängt.« Gerade diese Handlung mit dem Gesetz, dem Stein als Zeugnis unter einem Baum, ist eine noch verhüllte Vordeutung, was Jesu Holz, sein Kreuz, als Wegweisung zum Leben für uns bedeutet, daß der Tod, der Stein, welcher von diesem Tod zeugt, lebendig gemacht wird, um zum Eckstein des neuen Tempels zu werden, denn gerade das ist Jesu gekreuzigter und auferstandener Leib, der Eckstein des neuen messianischen Tempels Gottes, dieser lebendige, bezeugende Eckstein.

So tief und interessant das Alte Testament als Wegweisung, als Vordeutung auf Jesus für uns sein soll, so viel wichtiger ist der zentrale Inhalt unseres Textes, der Ruf Josuas zum wahren Gottesdienst. Ich hoffe und bete, daß viele unter uns diesen Ruf wahrnehmen werden und von ganzem Herzen, von ganzer Seele und von ganzem Gemüt mit dem Volk Israel antworten und bezeugen werden: »Wir wollen dem Herrn, dem lebendigen Gott Israels, Jesus Christus, dienen!«